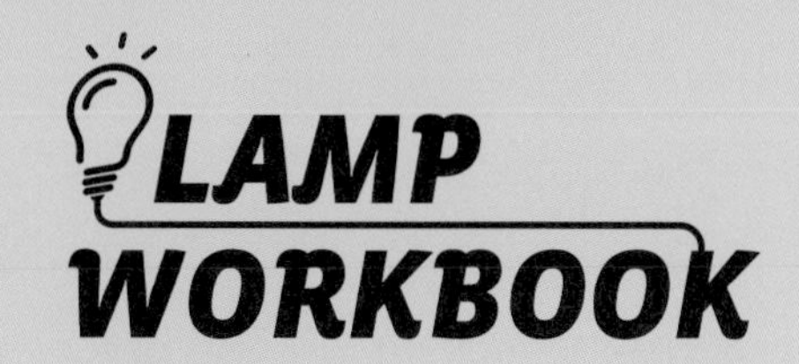
LAMP
WORKBOOK

KB124576

학생용

LAMP WORKBOOK

PART 1 ME Motivation Enhancement Program

동기 및 목표 향상 프로그램

박동혁 저

학지사

LAMP
WORKBOOK

만일 우리가 사막 한가운데 홀로 남게 되었다고 생각해 봅시다. 당장의 생존을 위해, 물, 음식, 잠자리를 찾아 헤매게 될 것입니다. 하지만 사막에 대한 지식이 전혀 없다면 생존을 위한 모든 시도는 오히려 생명에 위협이 될 수 있습니다. 그런데 이때 그 지역을 아주 잘 알고 있는 사람이 나타나 자신의 지식을 전달해 준다면 어떨까요? 아마도 살아남는 것은 물론이거니와 안전한 길을 찾아 사막을 빠져나올 수 있을 것입니다.

사람이 가진 배움의 능력은 어려움에 처했을 때 그 문제를 해결할 수 있는 힘이 됩니다. 더 나아가 자신의 잠재력을 개발하고 자기실현을 할 수 있는 유일무이한 수단이기도 합니다. 그렇기에 성장을 위한 배움은 즐겁고 기쁜 경험이며, 그럴 때 비로소 배움의 의미를 느낄 수 있습니다.

공부와 학습이 갖는 이런 중요한 의미를 알기 때문에 오랫동안 교육/심리학자들은 공부를 잘하는 사람의 특징을 찾기 위해 애써 왔습니다.

그간의 연구결과를 요약하자면, 꾸준히 좋은 학업성취를 하는 사람은 두 가지 특징을 가지고 있습니다. 그것은 바로 **즐겁게, 전략적으로 공부한다는 것**입니다. 이런 특징들을 우리는 '자기주도학습'이라고 부릅니다.

즐거운 공부는 자발적인 목표설정과 동기에 의해 좌우되며, 전략적 공부는 습관에 따라 결정됩니다. 학년이 올라갈수록 이런 특징들의 중요성은 지능을 압도할 만큼 커집니다.

동기와 공부습관은 지능과 달리 선천적인 것이 아니며, **일정 기간의 훈련이나 연습에 의해 상당한 변화가 가능**합니다.

이러한 과정은 마치 근육을 키우기 위해 운동을 하는 것에 비유할 수 있습니다. 처음에는 힘들고 어색하지만, 효과적인 방법이 무엇인지 이해한 후, 그것을 습관이 될 때까지 꾸준히 적용하면 자신의 삶에 분명한 결과를 가져다줍니다.

본 프로그램은 여러분들의 목표의식과 공부습관을 향상시키기 위한 목적으로 만들어졌으며, 1권-동기 및 목표 향상 프로그램(ME 과정), 2권-시간관리 능력 향상 프로그램(TE 과정), 3권-집중력 향상 프로그램(CE 과정), 4권-정보처리 능력 향상 프로그램(IE 과정), 5권-시험준비 능력 향상 프로그램(EE 과정) 총 5가지 주제로 구성되어 있습니다.

이 프로그램을 접하는 청소년 여러분에게 이 기회를 통해 수동적이고 지겨운 공부에서 벗어나 주도적이고 즐거운 공부를 경험할 수 있는 계기가 되기를 간절한 마음으로 기대해 봅니다.

마음은 배움의 힘을, 배움은 마음의 힘을 키워 줍니다. 우리는 그 힘을 믿습니다.

심리학 박사 박동혁

CONTENTS

Awareness 인식 단계 | Choose alternatives 대안탐색 단계 | Take action 연습/훈련 단계

3 나를 완성하는 퍼즐조각
진로탐색을 위한 자기이해 2

4 나의 미래 목표를 찾는 여행
진로 유형의 탐색과 진로 계획 세우기

마음의 힘을 키우는 행복한 공부

모죽이야기

한국과 중국, 일본에 자생하는 모죽이라는 대나무가 있습니다. 이 대나무는 처음 심고 나서 5년이 될 때까지는 아무리 물을 주고, 정성을 다해도 전혀 자랄 기미를 보이지 않습니다. 하지만 5년을 채우고 나면 그때부터 하루에 70~80cm씩 자라나기 시작해 무려 30m까지 자라나 위용을 과시합니다.
그런데, 아무리 물을 주고 정성을 다해도 잘 자라지 않던 대나무가 어떻게 5년이 지난 후에는 그 짧은 시간에 30m까지 자랄 수 있을까요? 쓰러지지도, 부러지지도 않고 말이죠.
그 비밀은 뿌리에 있습니다.
모죽은 5년 동안 뿌리를 사방으로 깊숙하게 내려서 그 뿌리가 수십 미터나 뻗친다고 합니다. 겉에서 보았을 때는 아무런 변화도, 성과도 없는 듯하지만 5년 동안 기초를 다지기 위한 노력을 하는 것입니다. 이러한 노력 때문에 결국 멋지고 당당한 모습을 세상에 드러낼 수 있는 것이지요.

– 혹시 여러분은 지금 열심히 공부해도 만족스러운 결과가 나오지 않아 실망하고 있나요?
'난 왜 이렇게 안될까?', '난 못하겠어' 라는 생각이 드나요?
그렇다면 30m 높이로 자라나 세상을 놀라게 하는 '모죽'처럼 지금은 땅속 깊숙한 곳에서 뿌리를 내리고 있는 중이라고 생각해보세요. 지금의 노력은 미래에 내가 성공하기 위한 밑거름으로 작용할 것입니다.

★ 이번 시간에 배울 내용

- 공부에 대한 나의 생각은?
- 공부가 어려운 이유는 무엇일까?
- 나의 학습전략 효율성은 어느 정도일까?

내가 공부하는 이유는?

● 다음은 나의 학습동기 유형을 알아보기 위한 문항들입니다. 각 문항을 읽고 나에게 해당된다고 생각되는 문항에 √표시 하세요.

내가 공부하는 이유는?	√표
1. 부모님의 강요로	
2. 부모님을 기쁘게 해 드리고 싶어서	
3. 선생님의 칭찬을 받기 위해서	
4. 남에게 지는 것이 싫으니까	
5. 남들보다 좋은 대학에 가려고	
6. 꿈을 실현하기 위해서	
7. 궁금한 것을 알고 싶어서	
8. 즐거움을 느낄 수 있기 때문에	
9. 배우는 것이 좋아서	
10. 성취감을 느낄 수 있으니까	

1~5번 문항에 체크한 개수 : ____________

6~10번 문항에 체크한 개수 : ____________

A type 1~5번 문항에 "예"라고 답한 것이 많은 사람

> 다른 사람들의 칭찬과 인정, 눈에 보이는 결과만을 위해 공부하고 있군요.

B type 6~10번 문항에 "예"라고 답한 것이 많은 사람

> 스스로의 만족감이나 성취감, 목표 달성을 위해 공부하고 있군요.

나에게 있어 '공부'란?

우리가 매일 해야 하는 공부! 여러분은 이 단어에서 어떤 것이 연상되나요?

'공부' 하면 떠오르는 생각을 세 가지 적어보세요. 그런 다음, 공부에 대한 내 느낌을 잘 나타내는 감정 스티커를 골라 옆 칸에 붙여봅시다. 또 그렇게 느끼는 이유에 대해서도 적어봅시다.

떠오르는 생각은?	그건 어떤 감정이지?	그렇게 느낀 이유는?
ex - 짜증난다. - 뿌듯하다.	스티커 부착!	ex - 공부하라는 엄마의 잔소리가 생각나서 - 공부를 열심히 했을 때 성적이 올라서

공부 스트레스 마인드맵 그리기

공부 스트레스 마인드맵을 통해 현재 느끼고 있는 공부에 대한 스트레스와 어려운 점들을 좀 더 명확하게 살펴봅시다.

먼저 '공부 스트레스'로 중심 이미지를 잡고 주변의 여러 가지 장면의 이미지나 단어를 연상해서 적어보세요. 공부와 관련된 일, 생각, 느낌 등을 자유롭게 떠올리며 만들어보세요.

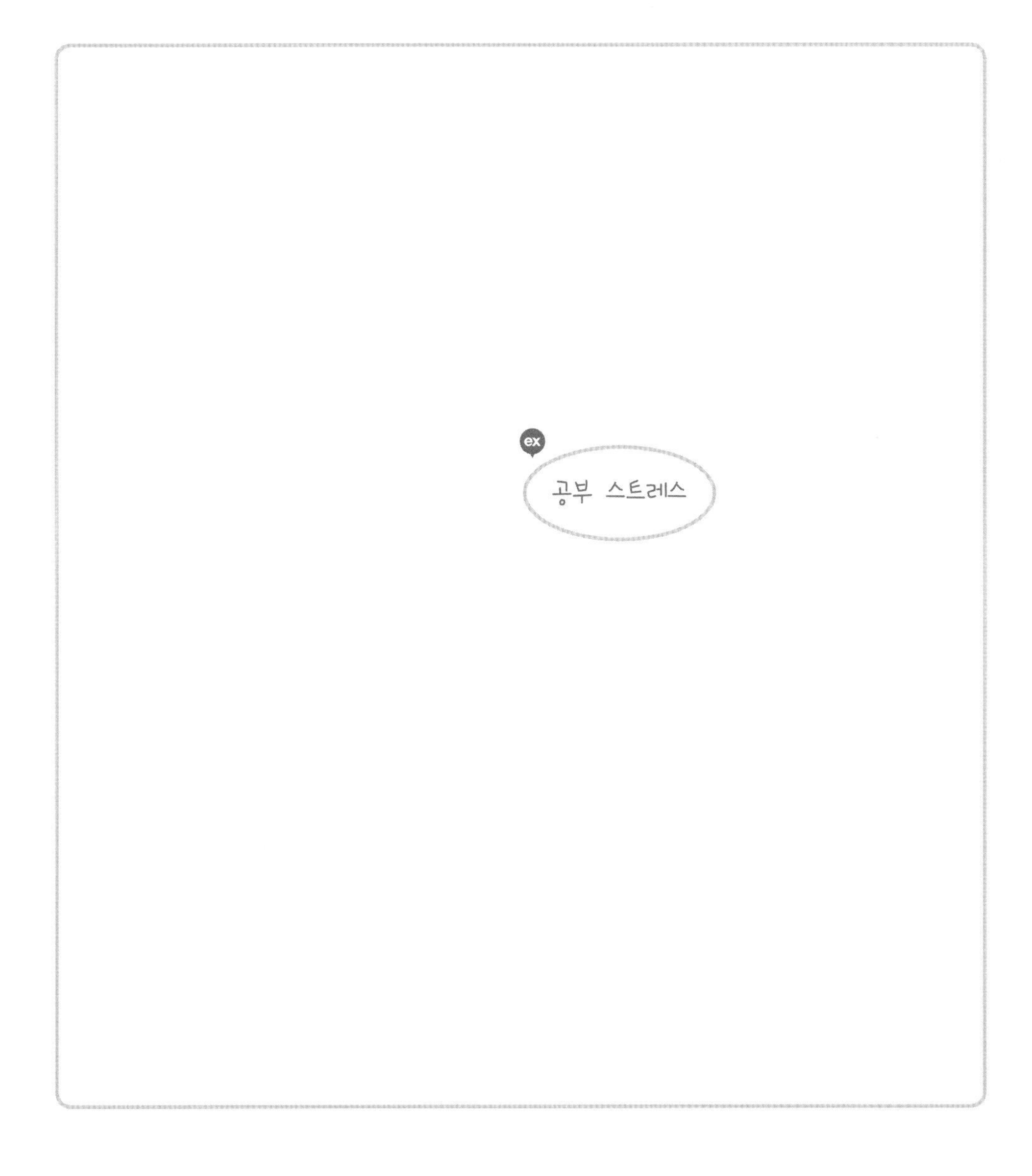

공부할 때 자주 부딪히는 어려움

누구에게나 공부는 어렵고 힘든 일이지만, 그 이유는 사람마다 다릅니다. 공부할 때 가장 해결하고 싶은 문제나 공부가 어렵게 느껴지는 이유는 무엇인지, 그 이유가 몇 퍼센트나 해당하는지를 적어보세요.

공부할 때 자주 부딪히는 어려움	
	%
	%
	%
	%
	%
합	100 %

앞에서 정리한 이유들을 다음 페이지에 뇌 구조로 표현해 봅시다. 아래의 작성 예시를 참고하세요.

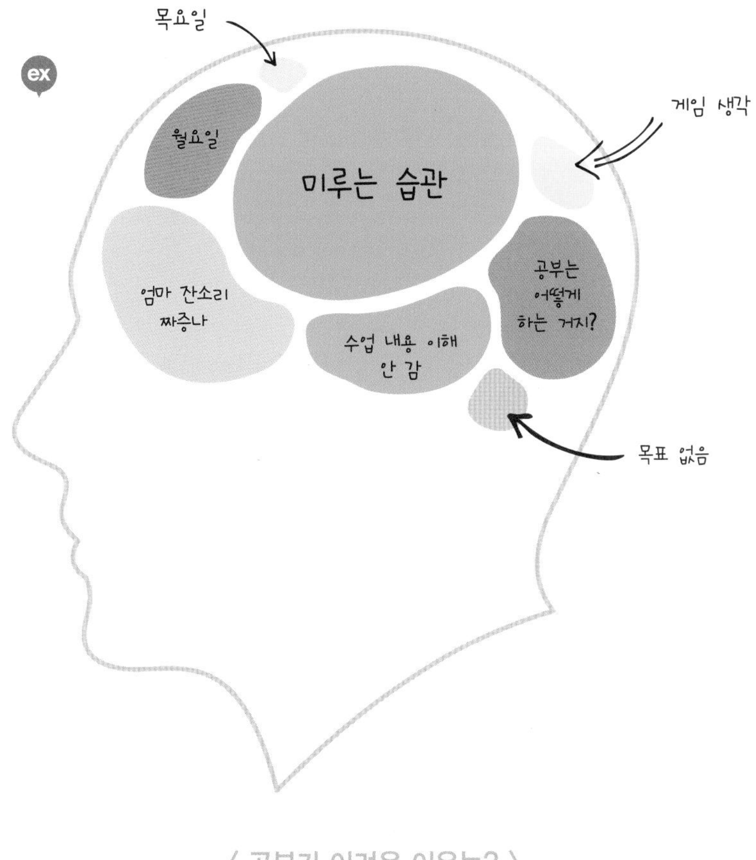

〈 공부가 어려운 이유는? 〉

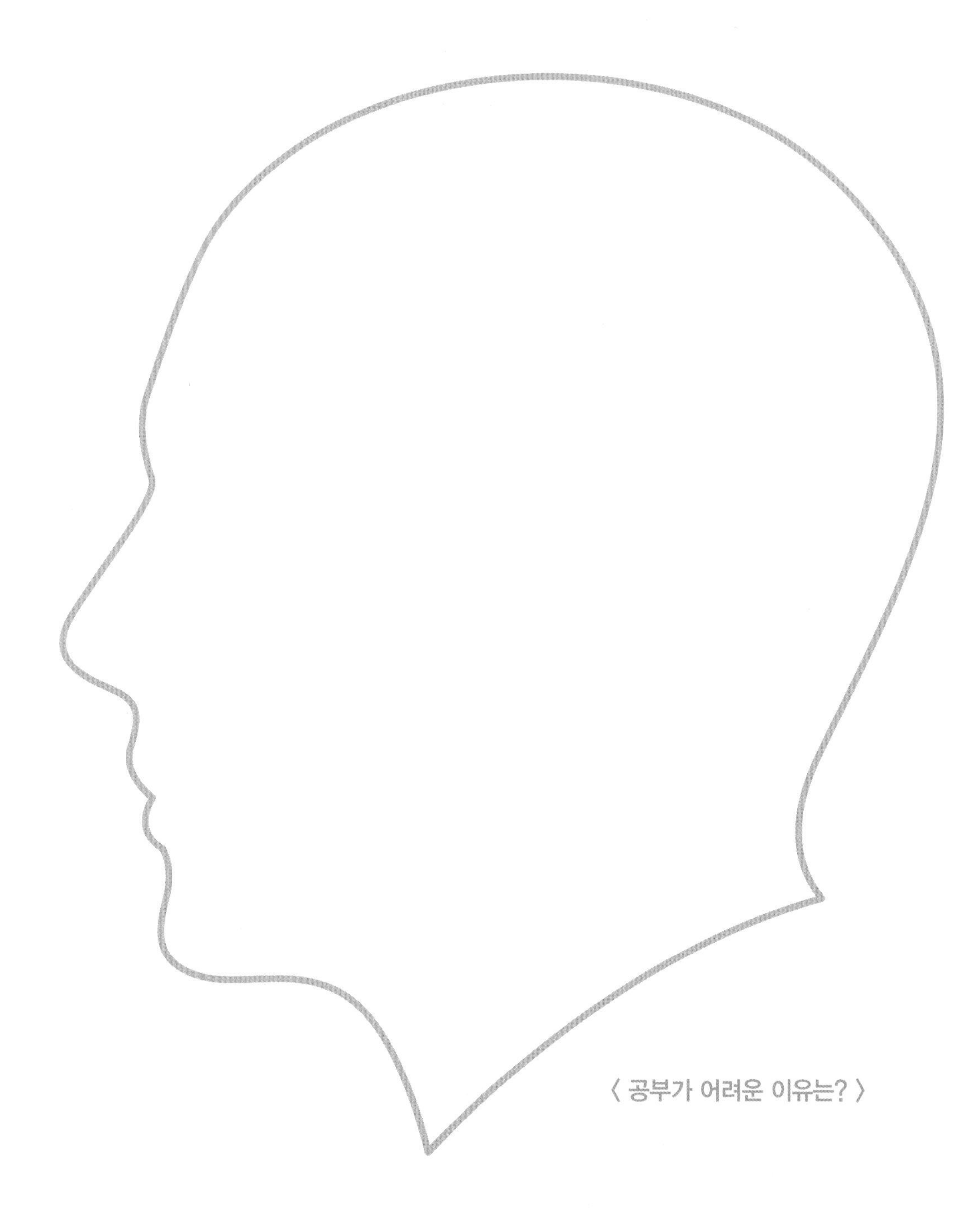
〈 공부가 어려운 이유는? 〉

공부의 심리학 – 성적에 영향을 주는 필요조건

첫 번째 : IQ

여러분은 IQ가 공부에 얼마만큼 영향을 준다고 생각하나요? 다음의 파이그래프에 표시해봅시다.

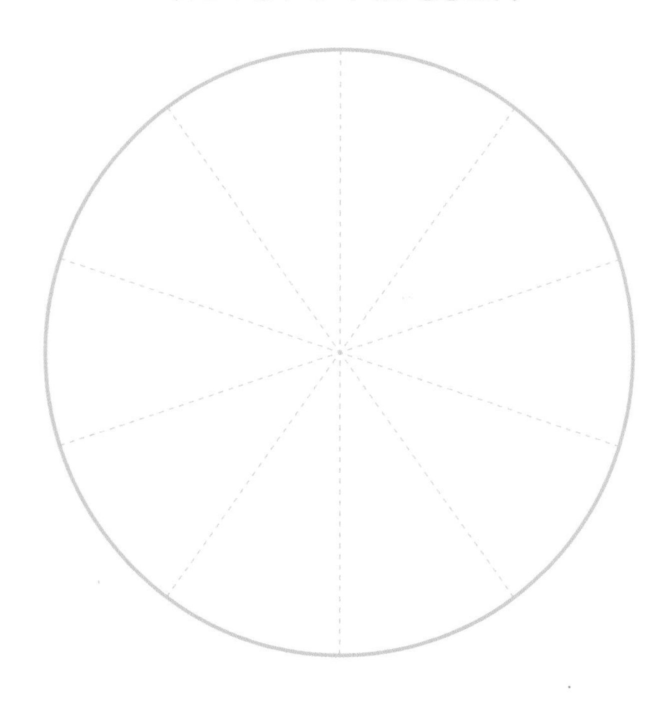

> 실제로 IQ가 성적에 차지하는 비중은 ________ %

공부를 잘하는 사람들을 보면 흔히 '머리가 좋을 것이다'라는 생각을 합니다. 물론 공부는 지적인 과정이기 때문에 IQ가 높은 사람이 유리합니다. 하지만 같은 지능을 가지더라도 성적의 차이는 천차만별이며, 지능은 높지만 공부를 못하는 사람은 물론 지능이 높지 않지만 성적이 좋은 사람도 있습니다.

공부의 심리학 – 성적에 영향을 주는 필요조건

두 번째 : 노력

여러분은 학교나 학원 숙제를 제외한 자기공부 시간이 하루에 얼마나 되나요?

> ________시간________분

아래의 그래프는 중상위권 청소년들의 하루 평균 자기공부 시간입니다. 나의 공부 시간도 그래프로 그려봅시다.

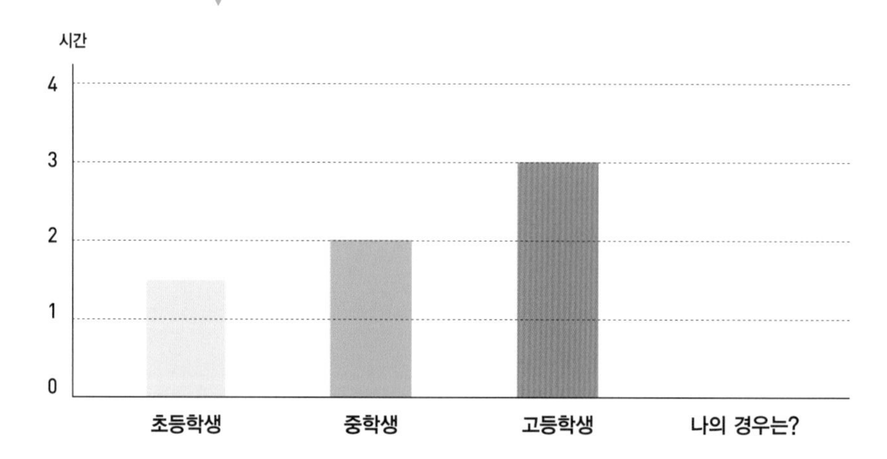

> 위의 조사결과와 비교할 때, 자신의 공부 시간은 어떠하다고 생각하나요?

> 자신의 경우는 어떠한가요?

충분하다 ☐ 부족하다 ☐

공부의 심리학 – 성적에 영향을 주는 충분조건

MLST 학습전략검사 결과 이해하기

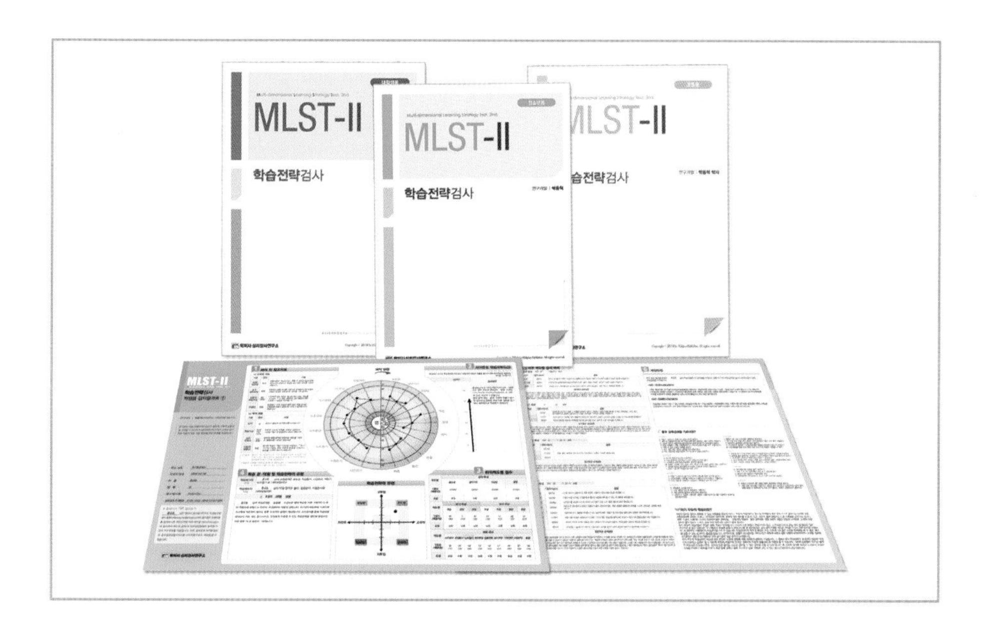

효과적인 학습이 일어나기 위해서는 다수의 전략적 행동이 요구됩니다.
MLST 학습전략검사는 학습과정에서 일어나는 습관적, 행동적, 전략적 효율성을 측정하는 것입니다.

이러한 요인들은 현재의 학업성취도에 직접적인 영향을 줄 수 있을 뿐만 아니라, 학년의 증가에 따라 지능 이상의 영향력을 발휘하며 자기주도적 학습능력의 근간을 이루기도 합니다.

또한 본인의 노력과 경험, 그리고 훈련에 의해 충분히 변화할 수 있는 부분이기 때문에 학습전략에서의 장점과 단점을 이해하는 것은 청소년의 학업 발달에 있어서 매우 실제적인 의미를 가지고 있습니다.

성격적 특성을 통해 알 수 있는 공부에 대한 자신감

공부에 대한 자신감은 자신의 　　　　　　에 대해
얼마나 확신하고 있는지에 따라 달라집니다.

- **검사 결과 나의 성격적 특성 종합점수는 어디에 해당되나요? 아래 그래프에 ✓표시 해보세요.**

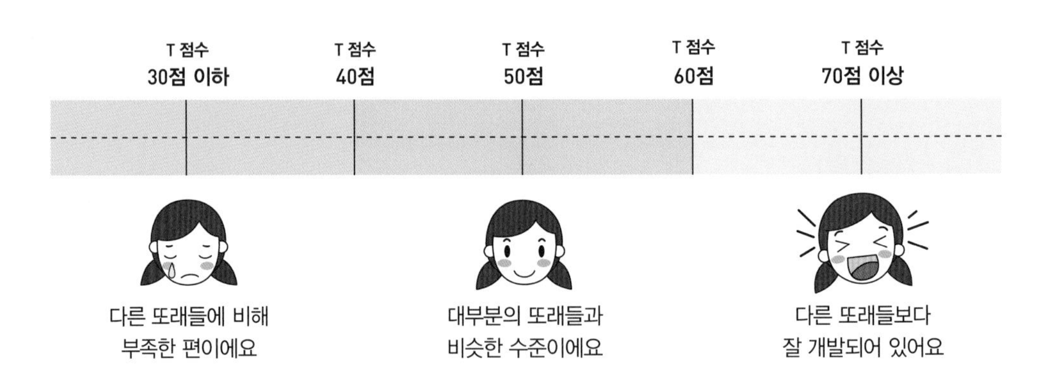

- **자신감을 키우려면 어떻게 해야 할까요?**

정서적 특성을 통해 알 수 있는 마음상태

정서적 특성이란 공부에 방해되는 자신의 정서적 ______ 의 정도를 나타냅니다.

- **검사 결과 나의 정서적 특성 종합점수는 어디에 해당되나요? 아래 그래프에 ✓ 표시 해보세요.**

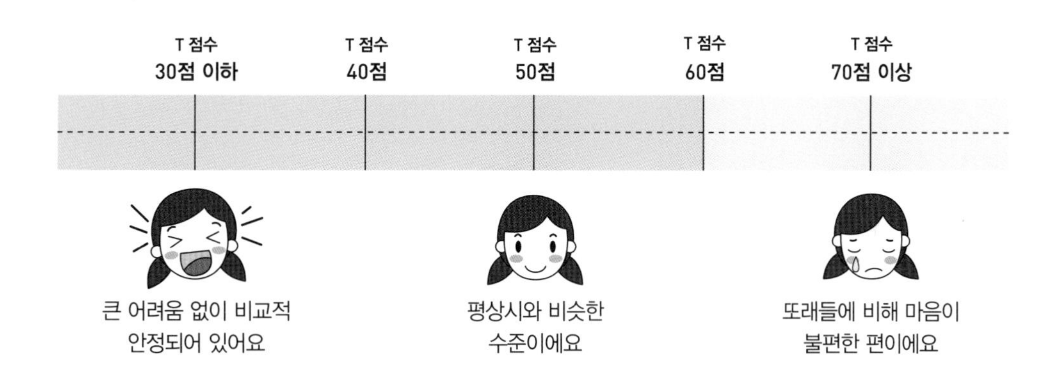

- **안정된 마음을 유지하려면 어떻게 해야 할까요?**

동기적 특성을 통해 알 수 있는 나의 동기

동기란 공부하는 와 에 따라 달라집니다.

학습동기	배움 그 자체를 중요하게 여기고 학습에 대한 흥미와 호기심, 만족감을 느끼는 정도를 측정합니다.
경쟁동기	자신의 능력이나 성취를 다른 사람들에게 과시하고자 하는 욕구, 인정받고자 하는 욕구를 측정합니다.
회피동기	자신의 부족하거나 열등한 모습을 보이고 싶어 하지 않으려는 욕구를 측정합니다.

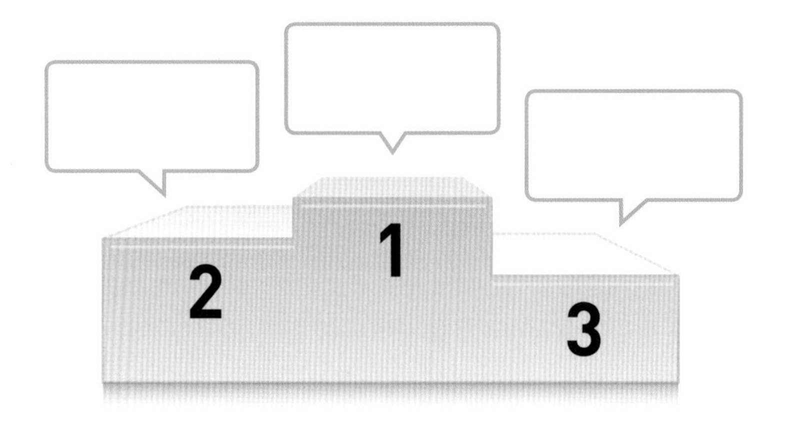

- **학습동기를 높이려면 어떻게 해야 할까요?**

행동적 특성을 통해 알 수 있는 나의 학습전략

학습전략이란 공부를 할 때 주로 어떤 과 을 가지고 있는지를 의미합니다.

- **검사 결과 나의 행동적 특성 종합점수는 어디에 해당되나요? 아래 그래프에 √표시 해보세요.**

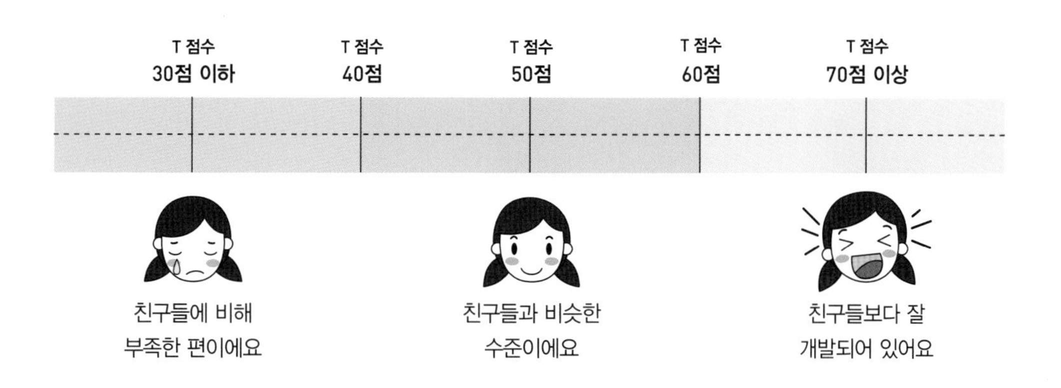

- **상대적으로 부족한 학습기술은 무엇인가요?**

앞으로의 변화를 위한 나의 다짐

- **앞에서 공부하는 데 있어서 어려움, 문제점에 대해 살펴보았습니다. 앞에서 찾아본 내용과 검사 결과를 통해 알게 된 문제점들을 어떻게 고치고 싶은지 적어봅시다.**

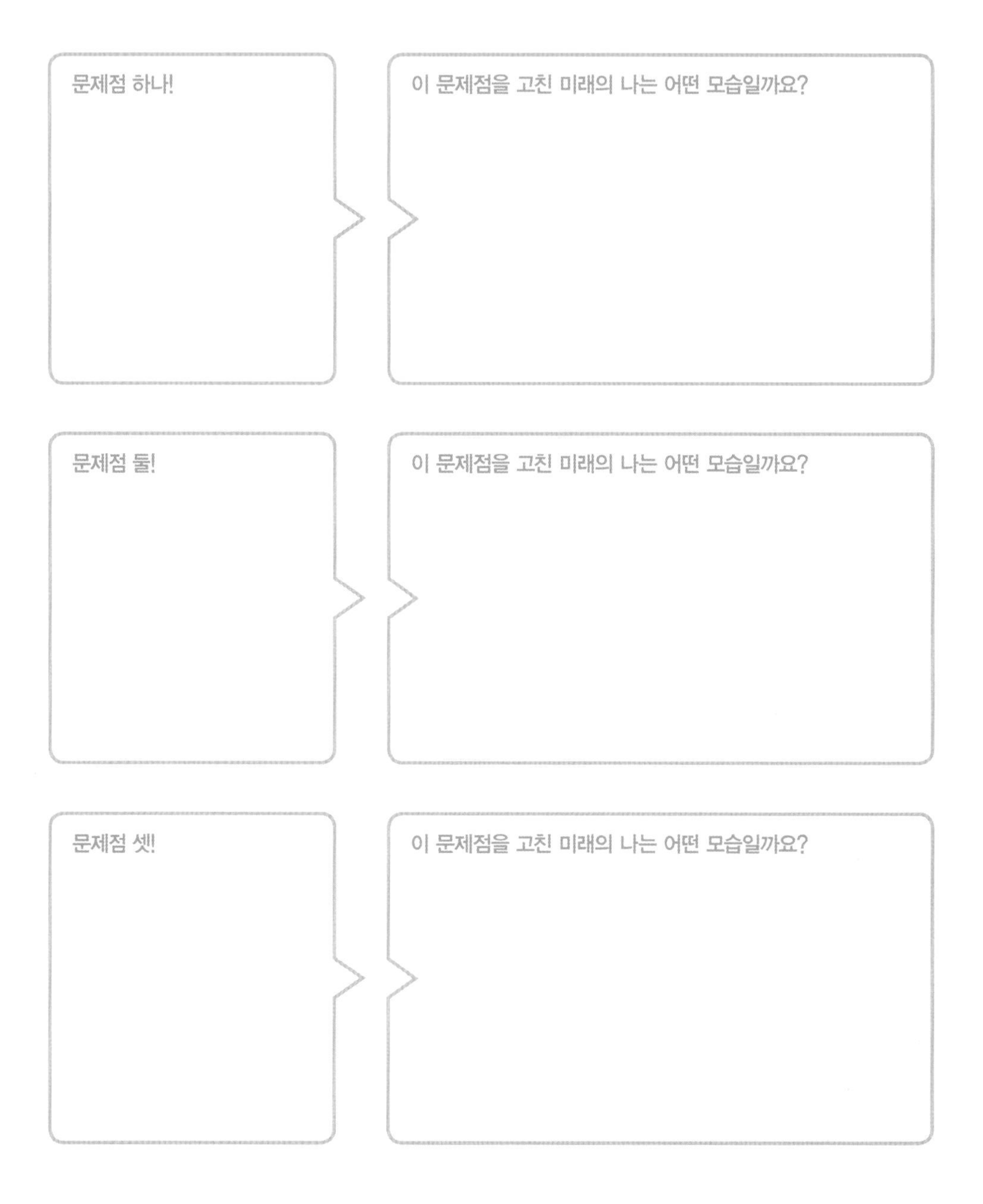

마음의 힘을 키우는 행복한 공부

★ 이번 시간에는 공부에 대한 나의 생각과 어려움을 탐색해보고, 학업 성취에 영향을 주는 여러 요인들에 대해 배워보았습니다. 아래의 그림에서 성적에 영향을 주는 필요조건에 해당하는 요인과 충분조건에 해당하는 요인을 선으로 연결해보세요.

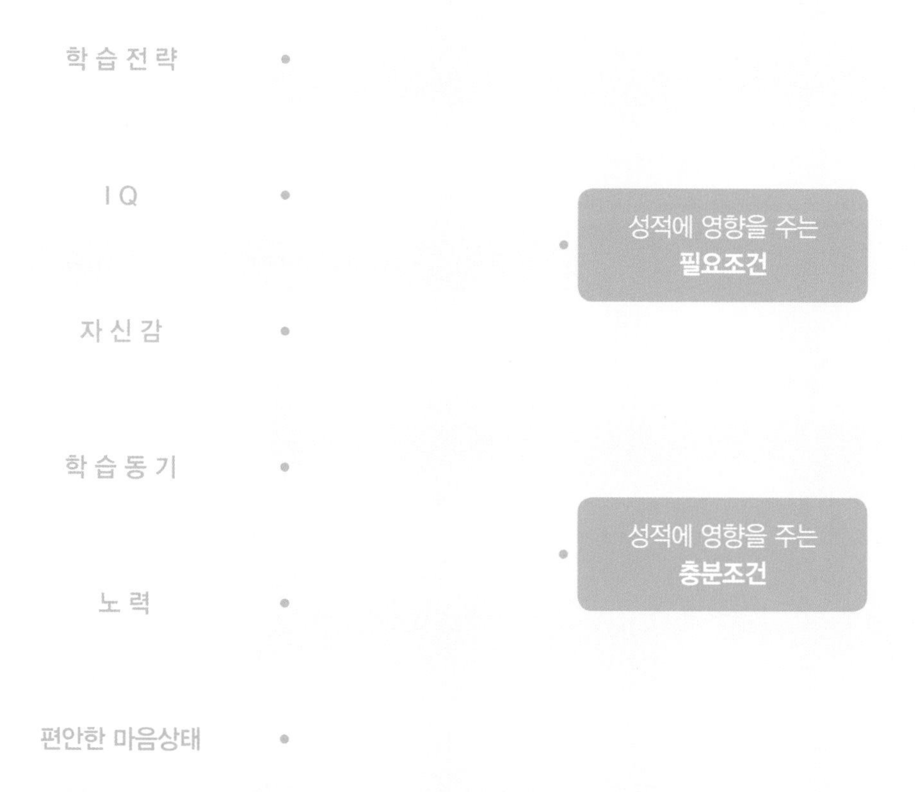

과 제

이번 시간에 다루었던 해결하고 싶은 나의 학습문제에 대한 해결책을 찾아보고, 실천해봅시다.

문제점 하나!	어떻게 하면 이 문제점을 해결할 수 있을까요?
문제점 둘!	어떻게 하면 이 문제점을 해결할 수 있을까요?
문제점 셋!	어떻게 하면 이 문제점을 해결할 수 있을까요?

나를 발견하기

진로탐색을 위한 자기이해 1

들 어 가 기

"내가 여기서부터 어떻게 가야 하는지 알려줄 수 있니?"

"그것은 네가 어디로 가고 싶은지에 달려있어."
라고 고양이가 말했다.

"아, 어디로 가든 상관없어…"
앨리스가 말했다.

"그렇다면 네가 어떻게 가야 하는지도 마찬가지로 상관없어."
고양이가 말했다.

『이상한 나라의 앨리스』 중에서

★ 이번 시간에 배울 내용

- 진로란 무엇일까?
- 진로 선택은 왜 중요하지?
- 진로탐색을 위해 필요한 것은?
- 진로탐색을 위한 자기이해 첫 번째 – 나의 흥미는 무엇일까?

우리들의 진로 고민

- 다음의 이야기를 읽고 아래 질문에 답해봅시다.

효민이는 미래에 의사가 되어 국경없는 의사회의 일원으로 활동하며 북한이나 아프리카와 같은 의료시설이 충분히 갖춰지지 않은 곳에 가서 아픈 사람들을 치료하고 싶다. 어려운 사람들을 위해 봉사하는 삶이 가치 있을 것 같기 때문이다.
하지만 효민이는 수학이나 물리, 화학과 같은 과목들은 이름만 봐도 골치가 아프다. 시험기간에는 이 과목들부터 공부를 시작하지만, 오히려 사회나 국어와 같이 덜 공부한 과목 성적이 더 좋다. 의사가 되려면 수학과 과학을 잘해야 한다는데.. 이런 과목은 재미도 없고 이해도 잘 안 된다. 요즘 들어서는 정말 내가 의사가 될 수 있을까? 의구심까지 든다. 또 부모님께서는 요즘 경제도 어려운데 차라리 사회 과목의 적성을 살려서 사회 선생님같이 안정적인 직업을 갖는 것이 좋다고 충고하셔서 갈등이 된다. 어떻게 하면 좋을까?

- 지금 이 친구에게 가장 필요한 것은 무엇일까요?
나라면 이 친구에게 어떤 조언을 해주고 싶은지 적어보세요.

진로란 무엇일까?

- **진로는 어떤 점에서 등산을 하는 것과 비슷합니다. 교재 뒤에 있는 그림과 단어 스티커를 사용해서 진로를 등산에 비유해봅시다.**

〈활동 방법〉

1. 스티커에 있는 '단어'들과 의미가 통하는 '그림'을 찾는다.
2. 아래 산 그림의 적당한 위치에 그림스티커를 붙인다.
3. 그림스티커 옆에 단어스티커를 붙인다.

진로의 정의

● **내가 생각하는 진로란 어떤 의미인지 아래의 빈칸에 간략하게 적어보세요.**

진로(進路)란

좁은 의미로는 , 과 관련된 인생의 길을 의미하지만
넓은 의미로는 사람의 일생 동안 이루어지는 모든 활동과 나아갈 길을
의미합니다. 즉 교육, 훈련, 대인관계, 직업, 결혼, 가정생활 등
모든 것을 포함하는 삶의 전 과정이라고 할 수 있습니다.

진로탐색의 중요성

내가 생각하는 직업 선택 기준은?

직업을 선택할 때 중요하게 생각하는 기준은 무엇인가요? 우선순위에 따라 3가지를 적어봅시다.

다른 친구들은 어떤 것을 가장 중요한 기준으로 선택했나요? 친구들의 의견을 정리해서 순위를 매겨봅시다.

1위

2위

3위

다른 사람들은 어떤 기준으로 진로를 선택할까?

다음은 진로에 대한 조사결과입니다. 빈칸에 들어갈 답을 추측해서 적어보세요.

1. "사람들이 직업 선택 시 가장 중요하게 생각하는 기준은?" *출처 : 2012년 통계청

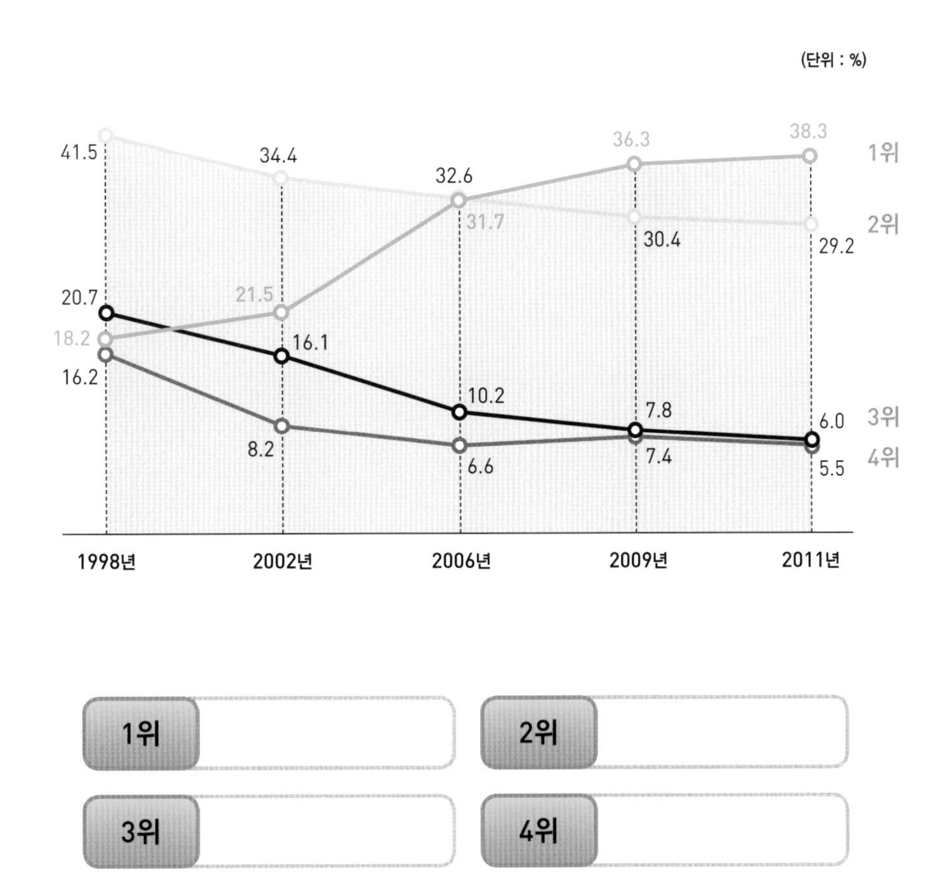

2. "직업에 대한 만족도가 가장 높은 직업과 낮은 직업은?" *출처 : 2012. 한국고용정보원

> 빈칸에 들어갈 직업을 아래의 보기 중에서 골라 맞혀보세요.

만족도가 높은 직업		만족도가 낮은 직업	
1위	초등학교 교장	44위	의사
2위	성우	57위	
3위		135위	
4위		149위	
5위		223위	외교관

보기

프로축구선수, 상담전문가, 작곡가, 변호사, 프로게이머, 가수, 신부,
약사, 국회의원, 영화배우

> 앞에서 살펴본 연구 결과들이 시사하는 바는 무엇일까요?
어떤 기준을 가지고 진로를 선택할 때 행복한 삶을 살 수 있을지 생각해봅시다.

진로탐색의 시작

행복한 삶을 살기 위해서는 청소년기부터 진로에 대해 계획을 세우는 것이 중요합니다. 진로 계획을 세울 때 가장 중요한 일 가운데 하나는 자기 자신을 명확하게 이해하는 것입니다.

나에 대해서 간단하게 알아보기

이제부터 '나'에 대한 간단한 작문을 해봅시다. 다음의 단어로 시작되는 문장을 완성해 봅시다. 딱히 정답이 있는 것이 아니므로, 그저 생각나는 대로 문장을 채우면 됩니다.

❶ 내가 가장 좋아하는 일은 ______________________ 다.

❷ 내가 가장 싫어하는 일은 ______________________ 다.

❸ 내가 가장 하고 싶은 일은 ______________________ 다.

❹ 내가 잘하는 일은 ______________________ 다.

❺ 나는 앞으로 ______________ 을(를) 잘할 수 있으리라 생각한다.

❻ 나에게 그 무엇보다 가장 소중한 것은 ______________________ 다.

❼ 우리 부모님은 내가 앞으로 ______________________ 바라신다.

❽ 내가 공부하고 싶으려면 ______________________ 다.

***진로탐색을 위한 자기이해 첫 번째! – 흥미**

- **흥미가 무엇을 의미하는지 생각해본 뒤, 아래에 적어봅시다.**

흥미란?

흥미에 대한 이해

> 흥미란 한 사람이 어떤 활동이나 사물에 대해 특별한 을 갖고 하게 하는 경향으로, 자신이 것에 주의를 기울이고 이를 향해 나아가고자 하는 입니다.

> 흥미 있는 활동을 통해 과 을 얻을 수 있지만, 이러한 감정들 자체가 흥미는 아닙니다. 게임이나 TV 보기, 잠자기처럼 아주 잠시 동안만 즐거움과 만족감을 주는 활동들은 흥미라고 보기 어렵습니다.

> 흥미가 을 의미하는 것은 아닙니다. 무언가에 재미를 느낀다면 잘할 수 있겠지만, 반드시 그런 것은 아닙니다. 예를 들어 노래 부르는 것을 좋아하는 사람이 노래를 잘하지 못할 수 있습니다. 하지만 흥미를 가지고 계속해서 연습해 나간다면 언젠가 잘하게 될 수도 있습니다.

나의 흥미 탐색하기

생활하면서 즐거움을 느끼고 관심이 가는 것, 공부가 아니라도 자발적으로 열심히 몰입하는 활동들이 무엇인지 생각해봅시다.

· 내가 좋아하는 것(또는 활동)?

· 내가 즐거움을 느끼는 것(또는 활동)?

· 내가 열심히 하는 것(또는 활동)?

· 내가 관심 있는 것(또는 활동)?

통통 튀는 나의 흥미

생활하면서 즐거움을 느끼고 관심이 있는 일이나 활동들을 자유롭게 적어보세요.

내 흥미의 무게는?

자신이 적은 흥미를 살펴보고, 아래에 제시된 기준으로 자신의 흥미의 무게가 어느 정도일지 생각해봅시다.

먼저 저울판에 자신의 흥미를 적은 다음, 각 흥미에 해당하는 무게를 매겨보세요. 최소 1kg에서 최대 10kg으로 무게를 매길 수 있고, 기준은 아래를 참고하세요.

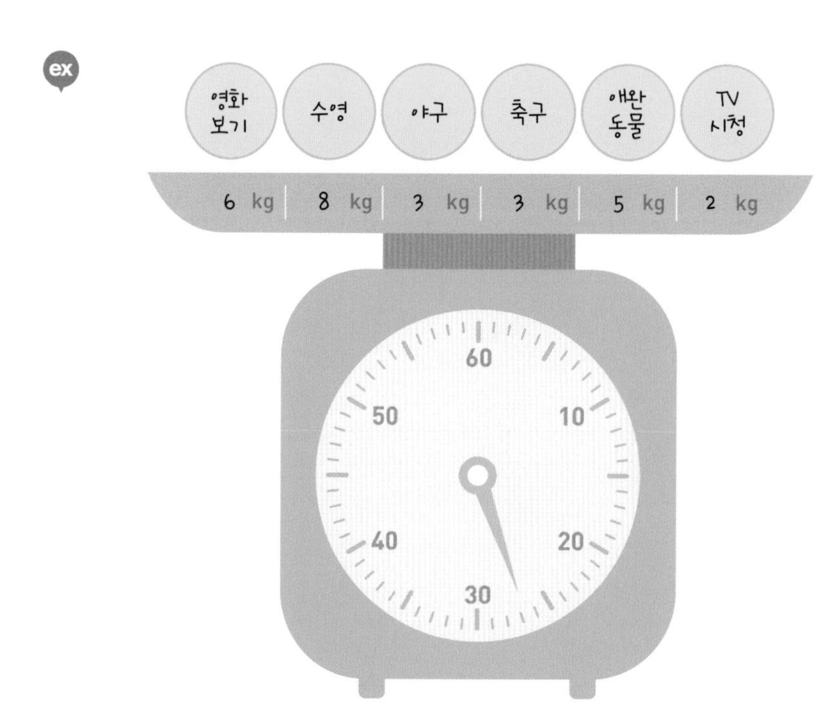

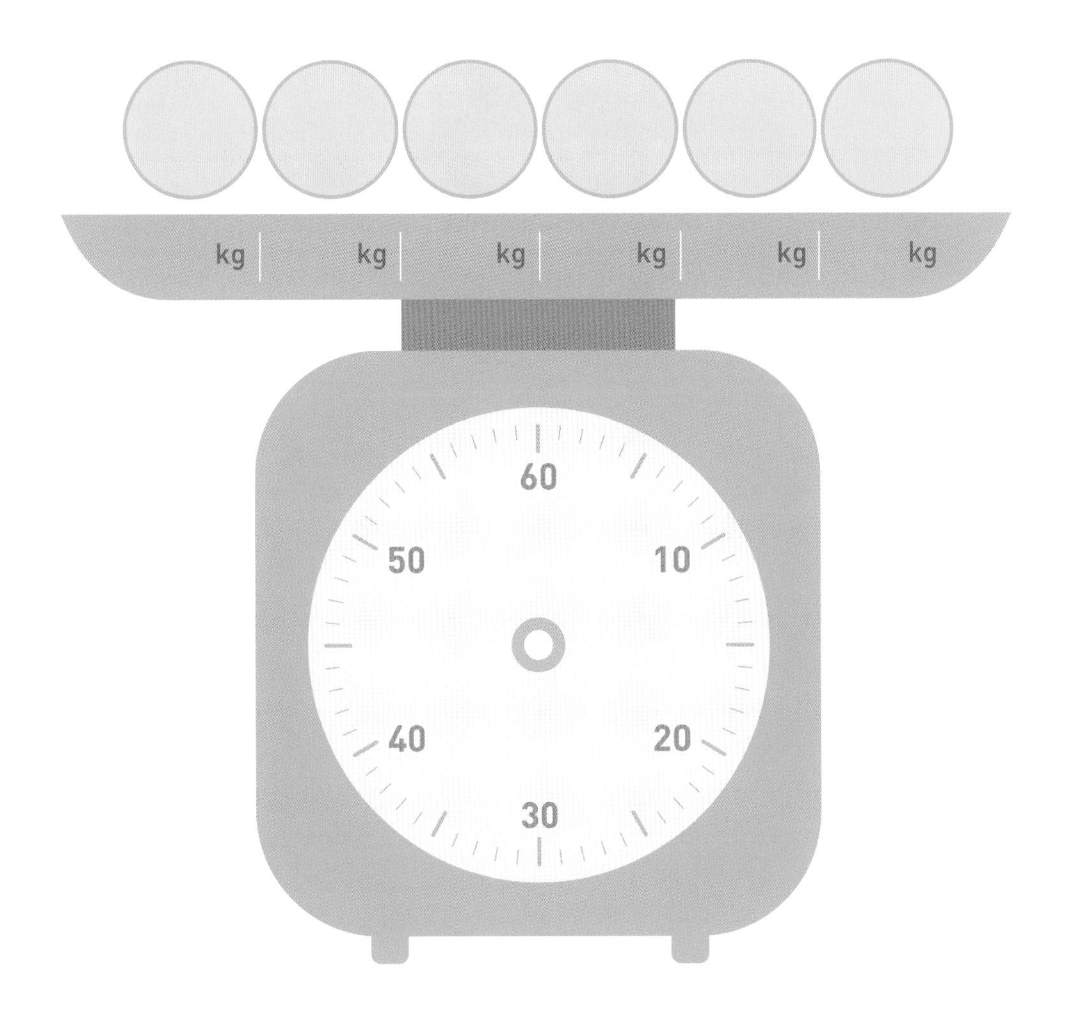

> 자신의 흥미의 무게가 총 몇 kg인지 계산해봅시다. 그리고 저울에 총 몇 kg인지 표시해봅시다.

_______________ kg

> 우리 조의 평균 무게는 얼마인가요? 그리고 우리 조에서 최고 무게와 최저 무게는 얼마인가요?

> 흥미에 따라서 몇 kg이라고 적었는지, 그렇게 적은 이유가 무엇인지 조별로 함께 이야기를 해보세요.

> 주로 어떤 흥미가 많았나요? 인터넷 게임이나 TV 시청같이 즉흥적으로 즐기는 활동들이 주로 있나요? 혹은 오래 지속할 수 있는 활동들이 주로 있나요? 아래에 활동을 적어봅시다.

즉흥적인 흥미 (3kg 이하)

나의 흥미 명확히 하기

흥미의 분류

아래 표에 나와 있는 분류를 보고, 앞서 살펴본 나의 흥미 6개는 어떤 영역에 속하는지 표시해봅시다. *해당되는 영역의 체크난에 / 표 하세요.

〈흥미분류표〉

분야	활동 종류	체크
돌보기 활동	어린아이 돌보기, 노인 방문하기, 다른 친구들에게 모르는 문제 가르쳐주기, 방문객 안내하기, 봉사하거나 자원 활동하기, 간호하기	
대인관계 활동	자선 단체 조직하기, 토론하기, 논쟁하기, 청소년 단체 참여하기, 학교 동아리 활동 참여하기, 게임 고안하기, 다른 사람 이야기 들어주기, 다른 사람 설득하기	
언어 활동	문학 서적 읽기, 철학 서적 읽기, 역사 서적 읽기, 단어의 어원 찾기, 출판물 편집하기, 기사 작성하기, 영어로 외국인과 대화하기, 외국어 배우기	
과학 활동	화학 공부하기, 물리 공부하기, 생물 공부하기, 천체와 별 관찰하기, 동식물 관찰하기, 환경 변화 탐구하기, 과학 관련 책 읽기	
계산/정리 활동	용돈 사용 계획 작성하기, 가계부 정리하기, 돈 관리하기, 다이어리 정리하기, 주변환경 청소하기, 신문의 경제면 읽기	
가구 제작/수리 활동	모형 비행기 만들기, 프라모델 만들기, 시계나 자전거 등 수리하기, 전기 기구 설치 및 수리하기, 가구 제작하기, 조립하기, 장난감 고치기, 목재 공작하기	
실습 활동	십자수, 뜨개질, 가구칠하기나 닦기, 옷 수선 및 재단하기, 조리하기, 주변 장식하기, 식물 재배하기, 정원 가꾸기	
예술 활동	음악 연주하기, 시 쓰기, 도자기 만들기, 춤추기, 그림 그리기, 사진 찍기, 악기 연주, 예쁜 글씨 쓰기, 귀여운 캐릭터 그리기	
신체 활동	축구, 야구, 수영, 등산, 자전거, 단체 게임	

*출처 : 2011, 경기도 교육청

내 흥미는 어디에 속하나?

주로 어디에 속하는 흥미가 많았나요? 자신이 좋아하는 활동이 많은 분야가 자신이 즐거움을 느끼면서 할 수 있는 일이 될 수 있습니다.

> 가장 많은 흥미 활동이 속한 분야 1. ______________________

2. ______________________

3. ______________________

진로탐색을 위한 자기이해 1

★ 　　　　란 좁은 의미로는 일, 직업과 관련된 인생의 길을 의미하지만 넓은 의미로는 사람의 일생 동안 이루어지는 모든 활동과 나아갈 길을 의미합니다.

★ 진로 목표를 결정할 때 가장 우선 되어야 하는 것은 　　　　에 대한 이해입니다.

★ 　　　　란 한 사람이 어떤 활동이나 사물에 대해 특별한 관심을 갖고 열중하게 하는 경향으로, 자신이 좋아하는 것에 주의를 기울이고 이를 향해 나아가고자 하는 감정입니다.

과 제

나의 흥미를 개발해서 해볼 수 있는 직업들을 찾아오세요.

나의 흥미	관련 직업	그렇게 생각한 이유

3

나를 완성하는 퍼즐조각

진로탐색을 위한 자기이해 2

“꿈노트를 만들어보세요”

나는 자칭 ‘꿈노트’라고 부르는 공책을 갖고 있다.
그냥 보통 공책인데, 거기에다 내 희망과 꿈과 나를 고무하는 말과 생각들을 기록한다.
가끔 한적한 시간에 꿈노트를 뒤적거리며 3년, 4년, 5년 전에 써놓은 것들을 들여다본다.
어떤 것들은 당시엔 불가능한 듯 여겨졌지만 요즘은 오히려 시시할 정도다.
왜냐하면 나는 계속 꿈을 이루며 전진하고 있기 때문이다.

매튜 캘리의 『위대한 나』 중에서

– 이 세상의 모든 놀라운 발견, 발명, 업적들은 모두 누군가의 작은 꿈에서 시작되었음이 분명합니다. 꿈노트는 ‘내가 원하는 나의 모습’, ‘내가 바라는 미래’를 설계하는 밑그림입니다. 설계도면 없는 건물을 상상할 수 없듯, 인생도 밑그림이 중요합니다. 꿈노트는 미래의 문을 여는 열쇠입니다.

★ 이번 시간에 배울 내용

- 진로탐색을 위한 자기이해 두 번째 – 나의 적성은 무엇일까?
- 진로탐색을 위한 자기이해 세 번째 – 나의 가치관은 무엇일까?

적성의 의미와 중요성

적성이란 어떤 일을 하는 데 필요한 이나 을 말합니다. 이것은 태어나면서부터 가지고 있는 기질이나 성격적인 측면으로부터 영향을 받을 뿐 아니라 자라오면서 받은 환경적인 영향, 경험 등을 통해 생기는 것입니다. 적성은 능력적인 부분을 반영하기 때문에 흔히 자신의 강점으로 볼 수 있습니다.

- **적성과 흥미는 어떤 점에서 다를까요?**

적성도 키울 수 있을까?

적성은 타고난 능력이나 소질이지만 학습경험이나 훈련을 통해서도 　　　　　 될 수 있습니다. 즉, 적성은 특정한 활동에 대한 능력 이외에도 그 능력을 나타낼 수 있는 　　　　　 의 개념도 포함합니다.

> 위의 사진은 위대한 작곡가 모차르트와 베토벤의 친필 악보 초안입니다. 베토벤의악보는 수정한 흔적이 많고, 너무 열심히 고쳐서 일부는 종이에 구멍이 뚫리기까지 한 반면, 모차르트의 악보는 초안이라 믿기 힘들 정도로 수정한 흔적이 없이 깨끗합니다. 두 사람의 공통점과 차이점은 무엇일까요? 또 이러한 차이는 진로 선택에 있어서 어떤 의미를 전해줄까요?

나의 강점은?

많은 학생들이 '나는 특별히 잘하는 것이 없어.'라고 생각하며 강점 찾기를 어려워합니다. 하지만 잘하는 것이 없는 사람은 없습니다. 그동안 내가 어떤 일에 재능을 갖고 있는지 관심 있게 찾아보지 않았을 뿐입니다. 다음의 질문에 대답해보며 나의 강점을 찾아봅시다.

- **지금까지 해봤던 일들 중에서 잘했던 일이나 잘할 수 있다고 생각했던 일, 재능이 있다고 생각되는 활동은 무엇인가요?**

ex 그림 그리기, 요리하기, 운동하기, 청소하기, 기계 조립하기 등

•

•

•

- **나를 잘 알고 있는 사람들(부모, 형제, 친구, 친척, 선생님 등)이 나에게 잘한다고 이야기하고 칭찬해주는 것은 무엇인가요?**

•

•

•

강점 발견하기

- **아래 표에는 여러 가지 강점들이 나열되어 있습니다. 자신에게 해당되는 강점을 찾아서 ☆표 해보세요.**

☆☆☆ 나의 최고 강점 👍 ☆☆ 분명 나의 강점이야! ☆ 소질이 있는 것 같아~

내용	별점	내용	별점
· 손재주가 있다		· 분석을 잘한다	
· 호기심이 강하다		· 패션감각이 뛰어나다	
· 창의적이다		· 이해심이 많다	
· 친절하다		· 활기차다	
· 리더십이 있다		· 질서를 잘 지킨다	
· 꼼꼼하다		· 기계를 잘 다룬다	
· 체력이 좋다		· 냉정하게 평가한다	
· 똑똑하다		· 자유롭다	
· 봉사정신이 강하다		· 잘 가르쳐준다	
· 열정적이다		· 설득을 잘한다	
· 계획적이다		· 정리정돈을 잘한다	
· 운동을 잘한다		· 표정이 밝다	
· 논리적이다		· 예의가 바르다	
· 포용력이 뛰어나다		· 사교성이 좋다	
· 말을 잘한다		· 긍정적이다	
· 조심성이 있다		· 친근하다	
· 솔직하다		· 배짱이 있다	

- **내 강점의 공통점을 찾아 정리해봅시다.**

적성을 찾는 마음의 눈

● **다음은 누구의 이야기일까요? 조별 토론을 통해 각각의 주인공을 찾아주세요.**

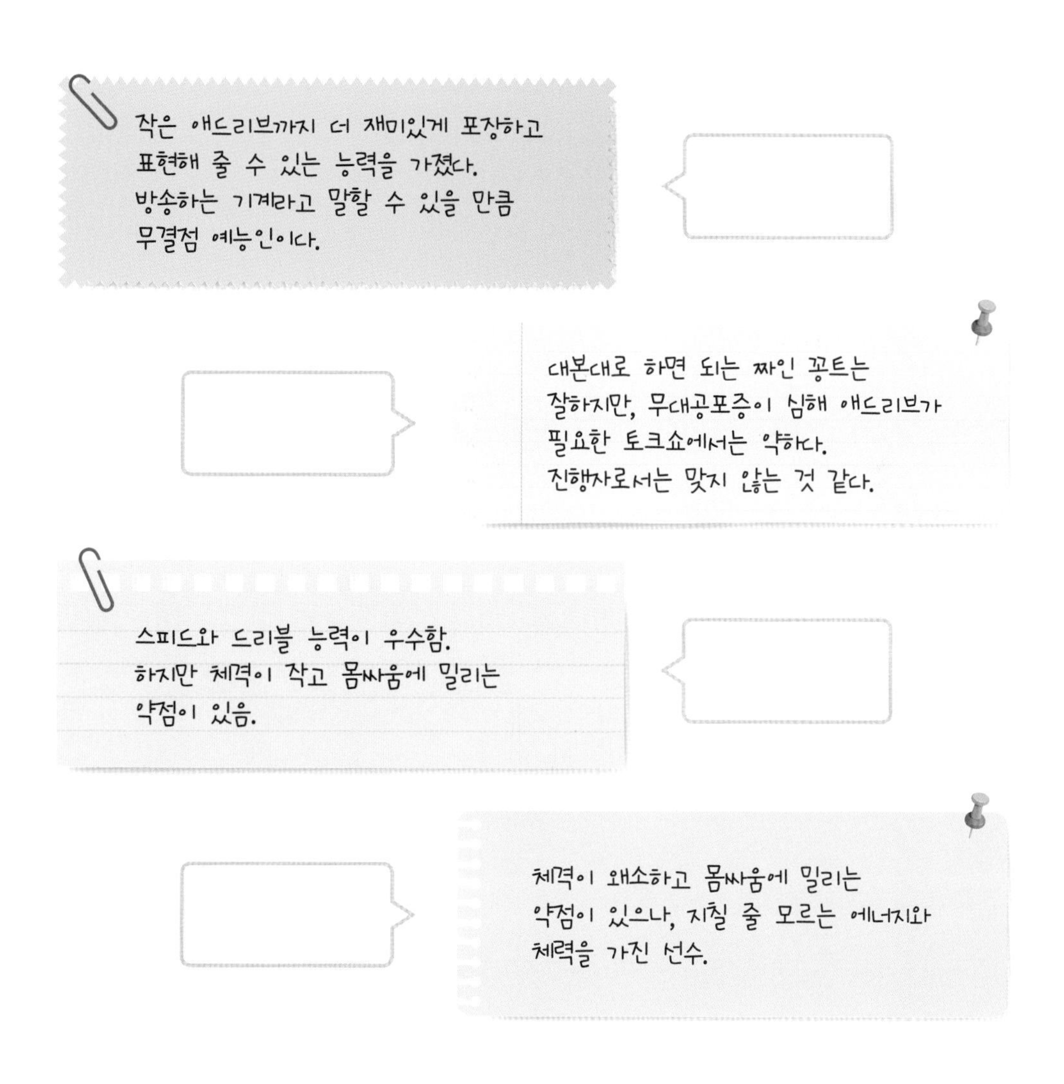

여러분도 혹시 부정적인 눈으로 스스로를 보고 있지 않나요?
나의 재능과 적성은 긍정적인 눈으로 찾을 때 발견할 수 있습니다.

앞에서 살펴본 것처럼, 강점을 발견하고 개발하기 위해서는 나를 바라보는 긍정적인 눈과 끊임없는 노력이 필요합니다. 이번 시간에 찾은 나의 강점을 개발, 활용한다면 미래의 나는 어떤 모습일까요?

가치관의 중요성

우리는 살아가면서 선택을 해야 하는 무수한 상황에 맞닥뜨리게 됩니다. 이때 선택의 기준이 되는 것 중 하나가 가치관인데요, 가치관은 자신이 삶에서 중요하다고 믿고 의미 있다고 생각하는 것을 말합니다. 가치관은 알게 모르게 일상생활의 모든 결정과 선택에 있어서 중요한 근거로 작용합니다.

우리 삶 속에서 가치관은 어떻게 작용할까요?

예문

구제역 수의사의 절망

구제역 방역이 장기화하면서 가축의 살처분을 도맡아 하는 방역 공무원들이 육체적·정신적으로 고통스런 시간을 보내고 있다. 경기도 제2축산위생연구소 가축방역팀의 백**(37 · 수의사)씨는, 지난달 16일 파주지역에 투입된 뒤 22일째 여관에서 지내면서 아침부터 밤늦은 시간까지 구제역과 싸우고 있다. 초기에는 거의 매일 새벽 4~5시까지 밤샘작업을 했다고 한다. 백씨 등 경기도 제2축산위생연구소 가축방역관 30여 명은 가축의 상태를 판단하고 소독에서 살처분·매몰까지 모든 과정을 지휘하는 경기 북부지역 구제역 현장 사령관들이다. 행정 공무원과 군인, 경찰, 소방대, 민간인 등 지원 인력에 대한 교육과, 예방 살처분에 반발하는 농민을 설득하고 매몰지를 선정하는 일이 모두 이들의 몫이다.

8살 아이를 둔 백씨는 "무엇보다 가장 견디기 힘든 것은 젖먹이 송아지나 새끼 돼지를 살처분할 때"라며 "이럴 때면 직업에 대한 회의감이 몰려오고, 악몽에 시달리곤 한다"고 말했다. 지난해 1월 경기도 연천에서 발생한 구제역 살처분에 동원된 뒤엔 외상후 스트레스와 우울증을 겪었다고 했다. 당시 살처분 한우농장이 우연히도 지지난해 브루셀라 감염 때문에 자신의 손으로 살처분했던 농가여서 후유증이 더 컸다고 말했다. 두 번씩이나 같은 집 가축을 없앴다는 죄책감 때문에 사흘간 농가에 머물며 울면서 사죄했지만, 현장을 떠난 뒤에도 한참 동안 소·돼지 울음소리가 환청처럼 들리고 소·돼지에 쫓기는 악몽에 시달렸다고 했다.

이날 한나라당 구제역대책특위 간사인 김영우 의원이 내놓은 자료를 보면, 최근 살처분 참여 공무원 211명을 설문조사한 결과 71.1%가 정신적 스트레스, 악몽 등에 따른 수면장애를 겪는다고 했다.
백씨는 "생명을 살려야 할 수의사가 생명을 없애는 일도 해야 하니 가슴이 아프다"면서도 "구제역 차단을 위해선 살처분은 불가피하다"고 말했다. 그는 "축산농가들도 방역에 힘쓰는 등 자신의 재산을 지키는 노력을 해달라"고 당부했다.

[2011. 1. 7 한겨레신문]

> 이 사람들이 겪는 어려움의 이유는 무엇일까요?

> 위와 같은 상황이 아니더라도, 만약 나의 가치관과 어긋나는 직업을 선택하게 된다면 어떤 결과가 나타날까요?

직업 가치관의 종류 이해하기

다음 설명을 읽고 평소 자신의 가치에 가장 잘 부합하는 것 3가지를 골라 체크해보세요.

가치관	설명	체크
성취	스스로 달성하기 어려운 목표를 세우고 이를 달성하여 성취감을 맛보는 것을 중시하는 가치	
봉사	자신의 이익보다는 사회의 이익을 고려하며, 어려운 사람을 돕고, 남을 위해 봉사하는 것을 중시하는 가치	
개별 활동	여러 사람과 어울려 일하기보다 자신만의 시간과 공간을 가지고 혼자 일하는 것을 중시하는 가치	
직업 안정	해고나 조기퇴직의 걱정 없이 오랫동안 안정적으로 일하며 안정적인 수입을 중시하는 가치	
변화 지향	일이 반복적이거나 정형화되어 있지 않으며 다양하고 새로운 것을 경험할 수 있는지를 중시하는 가치	
몸과 마음의 여유	건강을 유지할 수 있으며 스트레스를 적게 받고 마음과 몸의 여유를 가질 수 있는 업무나 직업을 중시하는 가치	
영향력 발휘	타인에게 영향력을 행사하고 일을 자신의 뜻대로 진행할 수 있는지를 중시하는 가치	
지식 추구	일에서 새로운 지식과 기술을 얻을 수 있고 새로운 지식을 발견할 수 있는지를 중시하는 가치	
애국	국가의 장래나 발전을 위하여 기여하는 것을 중시하는 가치	
자율성	다른 사람들에게 지시나 통제를 받지 않고 자율적으로 업무를 해나가는 것을 중시하는 가치	
금전적 보상	생활하는 데 경제적인 어려움이 없고 돈을 많이 벌 수 있는지를 중시하는 가치	
인정	자신의 일이 다른 사람들로부터 인정받고 존경받을 수 있는지를 중시하는 가치	
실내 활동	주로 사무실에서 일할 수 있으며 신체활동을 적게 요구하는 업무나 직업을 중시하는 가치	

*출처 : 한국고용정보원 유스워크넷

가치관 세잎 클로버

- 여러분이 중요하게 생각하는 가치관 BEST 3는 무엇인가요? 선택한 가치관이 자신에게 중요한 이유는 무엇인가요?

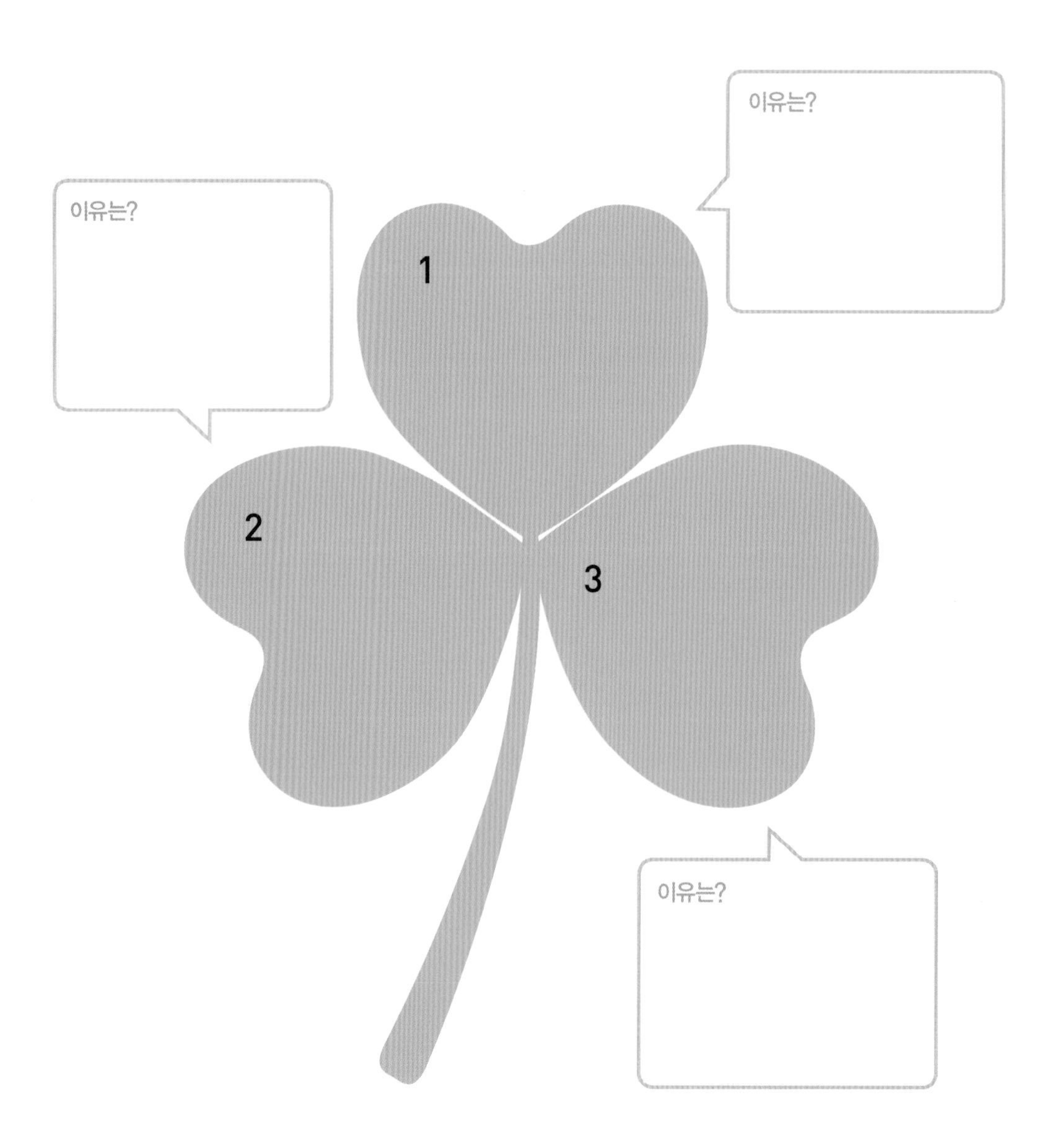

가치관 월드컵

- **직업을 선택할 때 우리들이 가장 중요하게 생각하는 가치관은 무엇인지 조원들과 토론해봅시다.**

앞에서 살펴본 13가지 가치관들을 토너먼트 식으로 선별하여(예 13가지 → 8가지 → 4가지 → 2가지 → 1가지), 조에서 가장 중요시한 가치관이 무엇이며 그 가치관을 최종 선택한 이유를 정리하여 발표해봅시다.

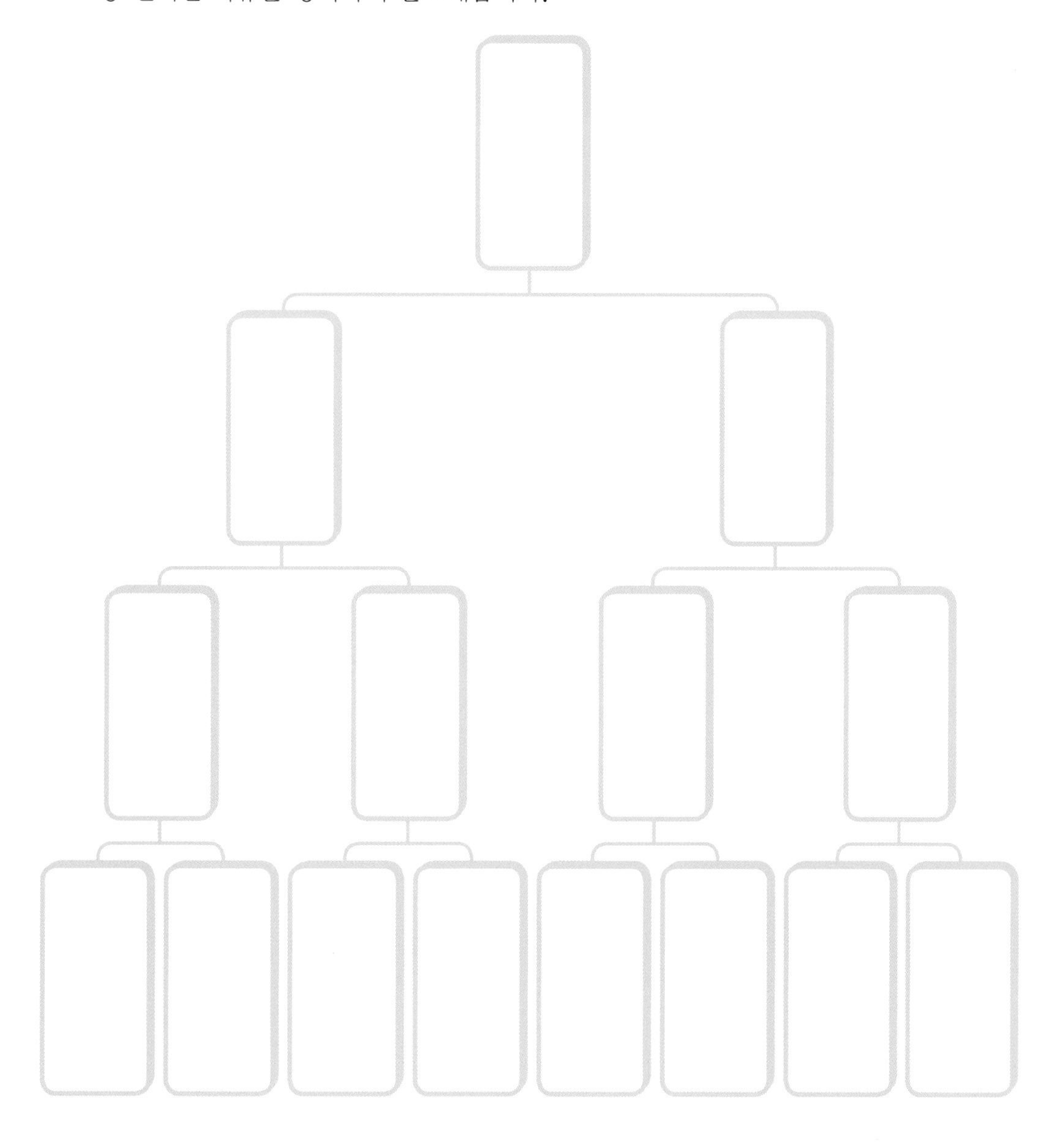

> 나에게 별로 중요하지 않지만 다른 사람들에게는 중요했던 가치가 있었나요?

> 가치관에 있어 다른 사람들과 나는 어떤 점이 다른가요?

> 조별 토론을 통해 중요하게 여기는 가치가 새로 생겼다면 어떤 것이고, 그 이유는 무엇인가요?

진로탐색을 위한 자기이해 2

★ 적성이란 어떤 일을 하는 데 필요한 이나 을 말합니다.

★ 적성은 타고난 능력이나 소질이지만 학습경험이나 훈련을 통해서도 될 수 있습니다.

★ 이번 시간을 통해 발견한 나의 적성은?

★ 가치관은 자신이 삶에서 하다고 믿고 있다고 생각하는 것을 말합니다.

★ 이번 시간을 통해 알게 된 나의 가치관은?

과 제

- 나의 적성을 개발해서 해볼 수 있는 직업들을 찾아오세요.

나의 적성	관련 직업	그렇게 생각한 이유

- 나의 가치관과 관련 있는 직업들을 찾아오세요.

나의 가치관	관련 직업	그렇게 생각한 이유

- 'Holland 진로탐색검사' 를 온라인으로 실시하고, 그 결과표를 출력해오세요.
  * 아래에 소개하는 검사들을 실시해도 무방합니다.

· 청소년 직업흥미검사 _ 고용노동부(워크넷)
· Strong 진로탐색검사 _ 한국심리검사연구소
· KCT 진로지향성검사 _ 행동과학연구소

나의 미래 목표를 찾는 여행

진로 유형의 탐색과 진로 계획 세우기

민수는 정의감이 넘치고 말도 조리 있게 잘하는 중학교 2학년 학생입니다. 학교에서 몸이 약한 친구들이 괴롭힘을 받을 때면 언제나 나서서 보호해 주곤 하여, 민수는 친구들에게 인기가 많은 편입니다. 부모님도 민수의 이런 점을 잘 알고 계셔서 민수에게 '변호사'나 '검사' 같은 직업을 가지면 좋겠다고 늘 말씀하십니다. 실제로 민수의 외삼촌이 변호사이신데, 가끔씩 만나는 외삼촌에게서 듣는 법정 이야기는 언제나 흥미진진합니다.

그렇지만 민수는 한 가지 고민이 있습니다. 앞에 나서서 다른 사람들을 도와주고 변호해주는 것도 좋아하는 일이기는 하지만, 사실 민수는 자기 방에서 혼자 뭔가를 조립하고 만드는 일을 할 때 가장 행복합니다. 이런 취미를 발전시켜서 나중에 자동차나 비행기를 만드는 사람이 되고 싶은 바람도 있습니다.

민수는 이 두 가지 일 중에서 어떤 일이 자신에게 더 잘 맞을지, 혹은 더 잘할 수 있는 다른 일이 있는지 너무너무 궁금합니다. 이런 민수에게 어떤 도움을 줄 수 있을까요?

– 이런 경우, 전문적인 직업 검사를 통해 자신의 흥미나 적성을 파악해보는 것이 민수에게 도움이 될 수 있습니다. 이번 시간에는 전 세계적으로 가장 널리 사용되는 직업 검사인 Holland 검사와 그 결과를 통해 자신을 이해하는 방법을 배우고, 나의 여러 가지 특성들과 검사결과를 바탕으로 진로 의사결정 하는 법, 나의 진로 목표를 구체화하는 방법에 대해 살펴보겠습니다.

★ 이번 시간에 배울 내용

- 진로탐색검사는 어떻게 활용할 수 있을까?
- 합리적인 진로 의사결정 방법은?
- 진로 포트폴리오는 어떻게 만들지?

진로탐색과 심리검사의 활용

- **진로 탐색의 과정에서 심리검사가 필요한 이유는?**

> 진로 탐색의 과정이라는 것은, 진로 문제를 구체화하고 개인의 특성과 흥미에 대해 정확히 이해하며, 이를 바탕으로 올바른 방향을 정하고 의사결정을 내리는 작업 등이 포함되는 복잡한 활동입니다.

이를 위해서는 심리검사를 활용하는 것이 필요합니다.
심리검사를 통해 보다 체계적으로 진로 탐색을 할 수 있을 뿐만 아니라
좀 더 과학적으로 접근하는 것도 가능해집니다.

Holland 진로 탐색 검사 결과 이해하기

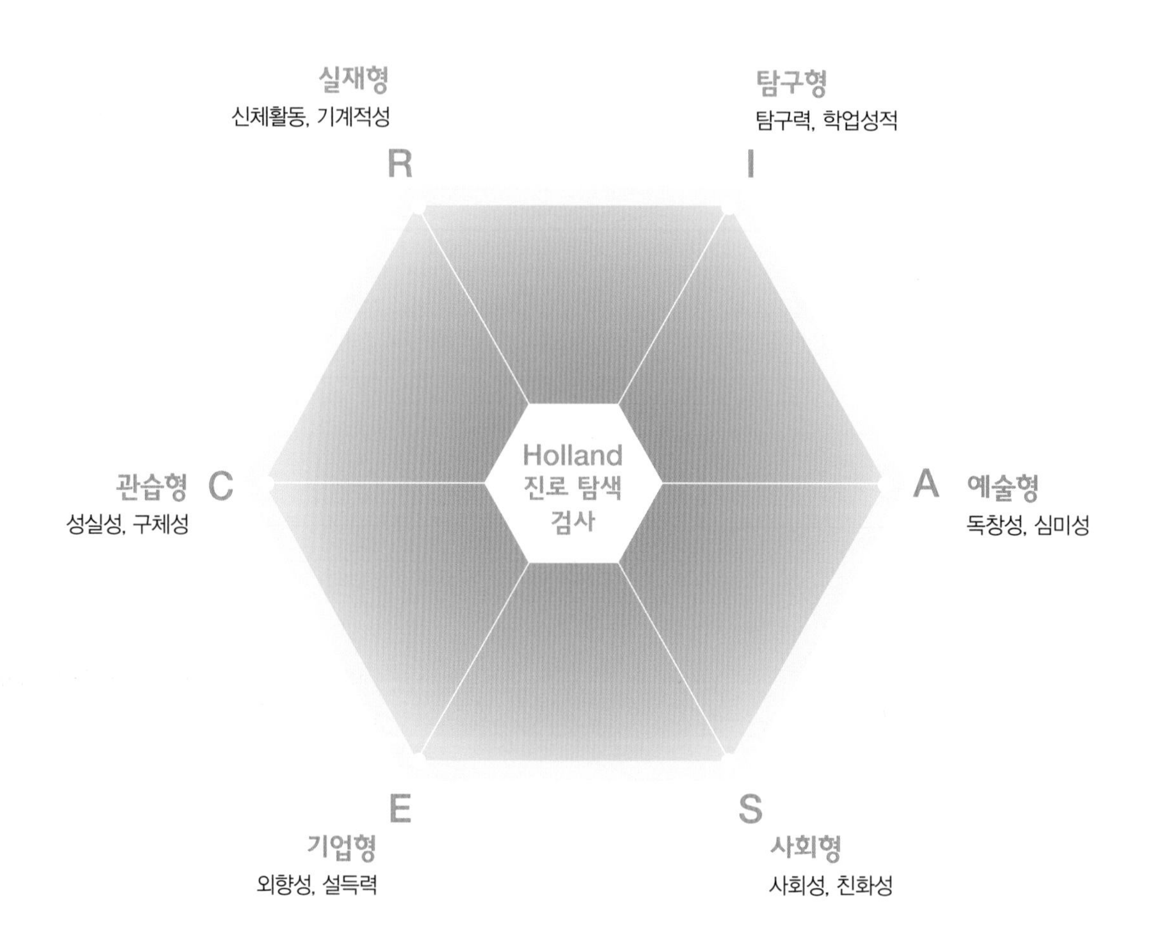

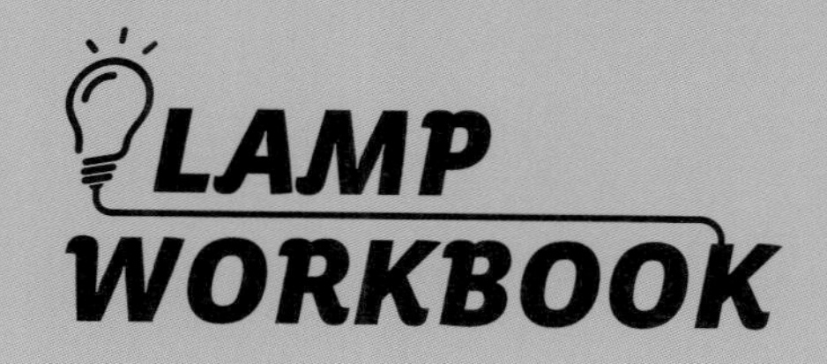
LAMP
WORKBOOK

KB124576

학생용

LAMP WORKBOOK

PART 1 ME Motivation Enhancement Program

동기 및 목표 향상 프로그램

박동혁 저

학지사

LAMP
WORKBOOK

만일 우리가 사막 한가운데 홀로 남게 되었다고 생각해 봅시다. 당장의 생존을 위해, 물, 음식, 잠자리를 찾아 헤매게 될 것입니다. 하지만 사막에 대한 지식이 전혀 없다면 생존을 위한 모든 시도는 오히려 생명에 위협이 될 수 있습니다. 그런데 이때 그 지역을 아주 잘 알고 있는 사람이 나타나 자신의 지식을 전달해 준다면 어떨까요? 아마도 살아남는 것은 물론이거니와 안전한 길을 찾아 사막을 빠져나올 수 있을 것입니다.

사람이 가진 배움의 능력은 어려움에 처했을 때 그 문제를 해결할 수 있는 힘이 됩니다. 더 나아가 자신의 잠재력을 개발하고 자기실현을 할 수 있는 유일무이한 수단이기도 합니다. 그렇기에 성장을 위한 배움은 즐겁고 기쁜 경험이며, 그럴 때 비로소 배움의 의미를 느낄 수 있습니다.

공부와 학습이 갖는 이런 중요한 의미를 알기 때문에 오랫동안 교육/심리학자들은 공부를 잘하는 사람의 특징을 찾기 위해 애써 왔습니다.

그간의 연구결과를 요약하자면, 꾸준히 좋은 학업성취를 하는 사람은 두 가지 특징을 가지고 있습니다. 그것은 바로 **즐겁게, 전략적으로 공부한다는 것**입니다. 이런 특징들을 우리는 '자기주도학습'이라고 부릅니다.

즐거운 공부는 자발적인 목표설정과 동기에 의해 좌우되며, 전략적 공부는 습관에 따라 결정됩니다. 학년이 올라갈수록 이런 특징들의 중요성은 지능을 압도할 만큼 커집니다. 동기와 공부습관은 지능과 달리 선천적인 것이 아니며, **일정 기간의 훈련이나 연습에 의해 상당한 변화가 가능**합니다.

이러한 과정은 마치 근육을 키우기 위해 운동을 하는 것에 비유할 수 있습니다. 처음에는 힘들고 어색하지만, 효과적인 방법이 무엇인지 이해한 후, 그것을 습관이 될 때까지 꾸준히 적용하면 자신의 삶에 분명한 결과를 가져다줍니다.

본 프로그램은 여러분들의 목표의식과 공부습관을 향상시키기 위한 목적으로 만들어졌으며, 1권-동기 및 목표 향상 프로그램(ME 과정), 2권-시간관리 능력 향상 프로그램(TE 과정), 3권-집중력 향상 프로그램(CE 과정), 4권-정보처리 능력 향상 프로그램(IE 과정), 5권-시험준비 능력 향상 프로그램(EE 과정) 총 5가지 주제로 구성되어 있습니다.

이 프로그램을 접하는 청소년 여러분에게 이 기회를 통해 수동적이고 지겨운 공부에서 벗어나 주도적이고 즐거운 공부를 경험할 수 있는 계기가 되기를 간절한 마음으로 기대해 봅니다.

마음은 배움의 힘을, 배움은 마음의 힘을 키워 줍니다. 우리는 그 힘을 믿습니다.

심리학 박사 박동혁

CONTENTS

1

잘하는 공부 어떻게 해야 할까?

마음의 힘을 키우는 행복한 공부

2

나를 발견하기

진로탐색을 위한 자기이해 1

Awareness 인식 단계 | Choose alternatives 대안탐색 단계 | Take action 연습/훈련 단계

3

나를 완성하는 퍼즐조각

진로탐색을 위한 자기이해 2

4

나의 미래 목표를 찾는 여행

진로 유형의 탐색과 진로 계획 세우기

1

마음의 힘을 키우는 행복한 공부

모죽이야기

한국과 중국, 일본에 자생하는 모죽이라는 대나무가 있습니다. 이 대나무는 처음 심고 나서 5년이 될 때까지는 아무리 물을 주고, 정성을 다해도 전혀 자랄 기미를 보이지 않습니다. 하지만 5년을 채우고 나면 그때부터 하루에 70~80cm씩 자라나기 시작해 무려 30m까지 자라나 위용을 과시합니다.
그런데, 아무리 물을 주고 정성을 다해도 잘 자라지 않던 대나무가 어떻게 5년이 지난 후에는 그 짧은 시간에 30m까지 자랄 수 있을까요? 쓰러지지도, 부러지지도 않고 말이죠.
그 비밀은 뿌리에 있습니다.
모죽은 5년 동안 뿌리를 사방으로 깊숙하게 내려서 그 뿌리가 수십 미터나 뻗친다고 합니다. 겉에서 보았을 때는 아무런 변화도, 성과도 없는 듯하지만 5년 동안 기초를 다지기 위한 노력을 하는 것입니다. 이러한 노력 때문에 결국 멋지고 당당한 모습을 세상에 드러낼 수 있는 것이지요.

– 혹시 여러분은 지금 열심히 공부해도 만족스러운 결과가 나오지 않아 실망하고 있나요?
'난 왜 이렇게 안될까?', '난 못하겠어' 라는 생각이 드나요?
그렇다면 30m 높이로 자라나 세상을 놀라게 하는 '모죽'처럼 지금은 땅속 깊숙한 곳에서 뿌리를 내리고 있는 중이라고 생각해보세요. 지금의 노력은 미래에 내가 성공하기 위한 밑거름으로 작용할 것입니다.

★ 이번 시간에 배울 내용

- 공부에 대한 나의 생각은?
- 공부가 어려운 이유는 무엇일까?
- 나의 학습전략 효율성은 어느 정도일까?

내가 공부하는 이유는?

- 다음은 나의 학습동기 유형을 알아보기 위한 문항들입니다. 각 문항을 읽고 나에게 해당된다고 생각되는 문항에 √표시 하세요.

내가 공부하는 이유는?	√표
1. 부모님의 강요로	
2. 부모님을 기쁘게 해 드리고 싶어서	
3. 선생님의 칭찬을 받기 위해서	
4. 남에게 지는 것이 싫으니까	
5. 남들보다 좋은 대학에 가려고	
6. 꿈을 실현하기 위해서	
7. 궁금한 것을 알고 싶어서	
8. 즐거움을 느낄 수 있기 때문에	
9. 배우는 것이 좋아서	
10. 성취감을 느낄 수 있으니까	

1~5번 문항에 체크한 개수 :

6~10번 문항에 체크한 개수 :

A type 1~5번 문항에 "예"라고 답한 것이 많은 사람

> 다른 사람들의 칭찬과 인정, 눈에 보이는 결과만을 위해 공부하고 있군요.

B type 6~10번 문항에 "예"라고 답한 것이 많은 사람

> 스스로의 만족감이나 성취감, 목표 달성을 위해 공부하고 있군요.

나에게 있어 '공부'란?

우리가 매일 해야 하는 공부! 여러분은 이 단어에서 어떤 것이 연상되나요?

'공부' 하면 떠오르는 생각을 세 가지 적어보세요. 그런 다음, 공부에 대한 내 느낌을 잘 나타내는 감정 스티커를 골라 옆 칸에 붙여봅시다. 또 그렇게 느끼는 이유에 대해서도 적어봅시다.

떠오르는 생각은?	그건 어떤 감정이지?	그렇게 느낀 이유는?
ex - 짜증난다. - 뿌듯하다.	스티커 부착!	ex - 공부하라는 엄마의 잔소리가 생각나서 - 공부를 열심히 했을 때 성적이 올라서

공부 스트레스 마인드맵 그리기

공부 스트레스 마인드맵을 통해 현재 느끼고 있는 공부에 대한 스트레스와 어려운 점들을 좀 더 명확하게 살펴봅시다.

먼저 '공부 스트레스'로 중심 이미지를 잡고 주변의 여러 가지 장면의 이미지나 단어를 연상해서 적어보세요. 공부와 관련된 일, 생각, 느낌 등을 자유롭게 떠올리며 만들어보세요.

공부할 때 자주 부딪히는 어려움

누구에게나 공부는 어렵고 힘든 일이지만, 그 이유는 사람마다 다릅니다. 공부할 때 가장 해결하고 싶은 문제나 공부가 어렵게 느껴지는 이유는 무엇인지, 그 이유가 몇 퍼센트나 해당하는지를 적어보세요.

공부할 때 자주 부딪히는 어려움	
	%
	%
	%
	%
	%
합	100 %

앞에서 정리한 이유들을 다음 페이지에 뇌 구조로 표현해 봅시다. 아래의 작성 예시를 참고하세요.

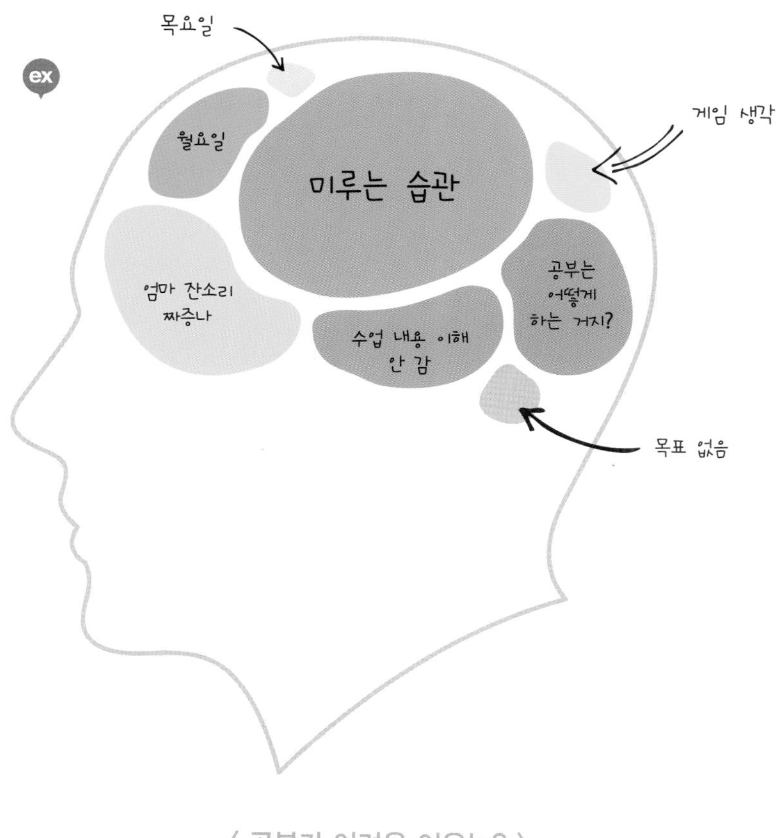

〈 공부가 어려운 이유는? 〉

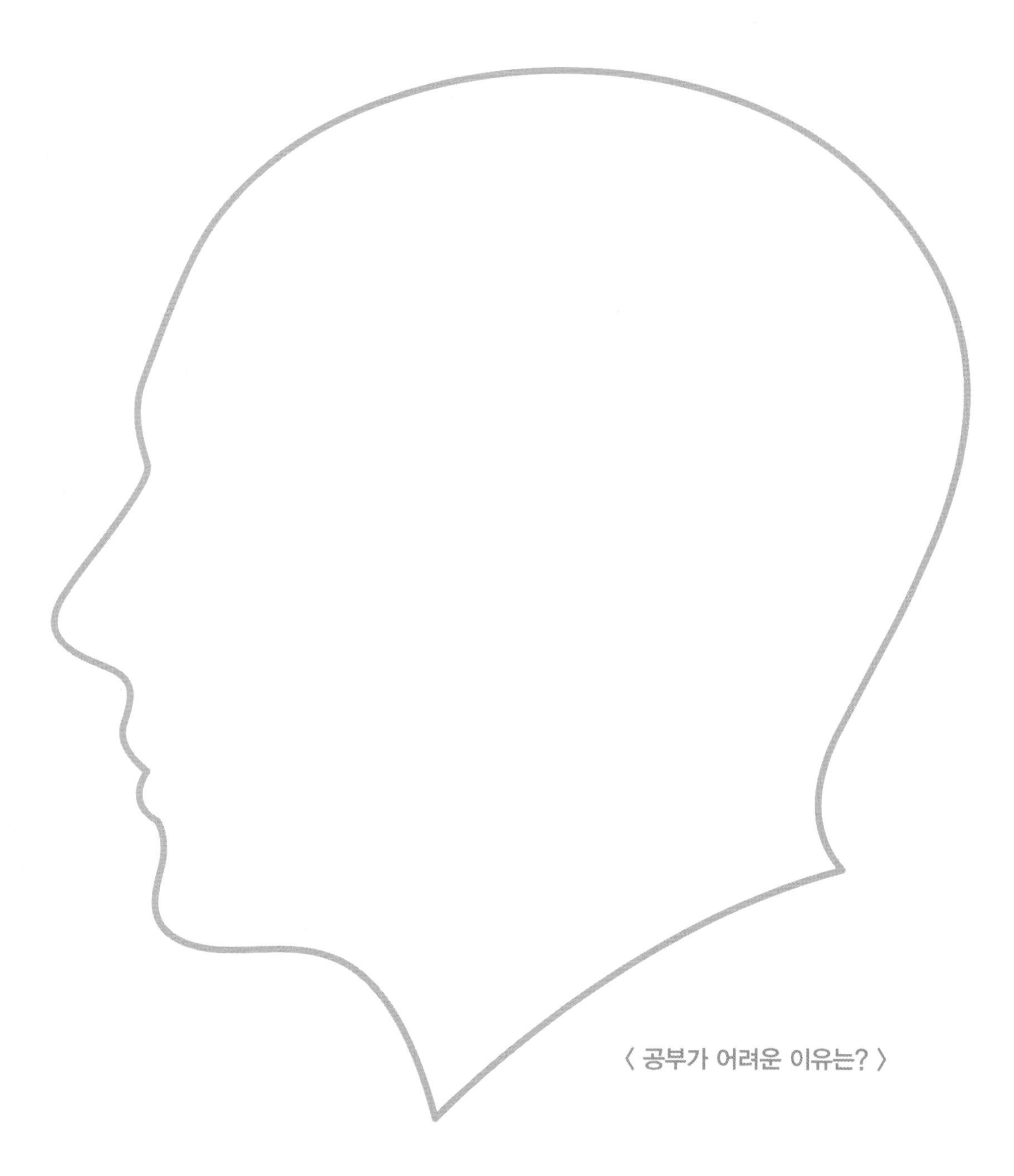
〈 공부가 어려운 이유는? 〉

공부의 심리학 – 성적에 영향을 주는 필요조건

첫 번째 : IQ

여러분은 IQ가 공부에 얼마만큼 영향을 준다고 생각하나요? 다음의 파이그래프에 표시해봅시다.

〈 IQ가 공부에 미치는 영향은? 〉

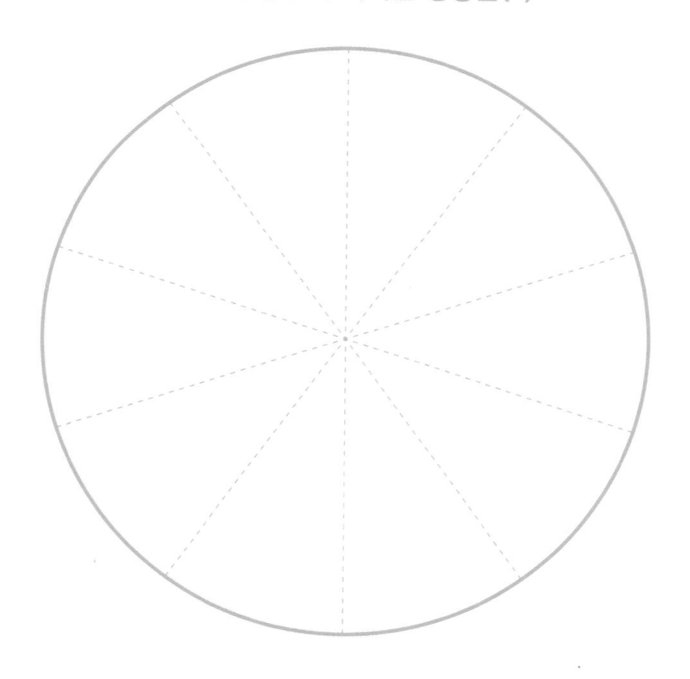

> 실제로 IQ가 성적에 차지하는 비중은 ________ %

공부를 잘하는 사람들을 보면 흔히 '머리가 좋을 것이다'라는 생각을 합니다. 물론 공부는 지적인 과정이기 때문에 IQ가 높은 사람이 유리합니다. 하지만 같은 지능을 가지더라도 성적의 차이는 천차만별이며, 지능은 높지만 공부를 못하는 사람은 물론 지능이 높지 않지만 성적이 좋은 사람도 있습니다.

공부의 심리학 – 성적에 영향을 주는 필요조건

두 번째 : 노력

여러분은 학교나 학원 숙제를 제외한 자기공부 시간이 하루에 얼마나 되나요?

> ________시간________분

아래의 그래프는 중상위권 청소년들의 하루 평균 자기공부 시간입니다. 나의 공부 시간도 그래프로 그려봅시다.

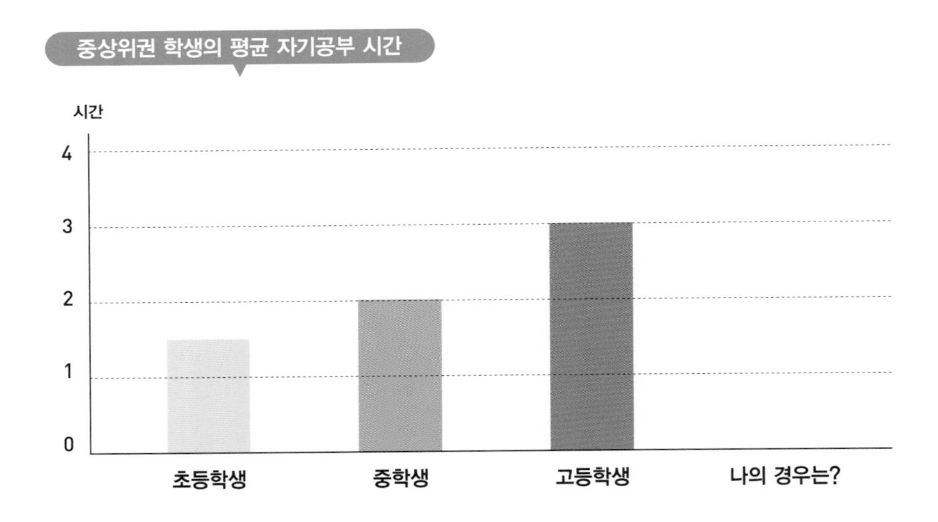

> 위의 조사결과와 비교할 때, 자신의 공부 시간은 어떠하다고 생각하나요?

> 자신의 경우는 어떠한가요?

충분하다 ☐ 부족하다 ☐

공부의 심리학 – 성적에 영향을 주는 충분조건

MLST 학습전략검사 결과 이해하기

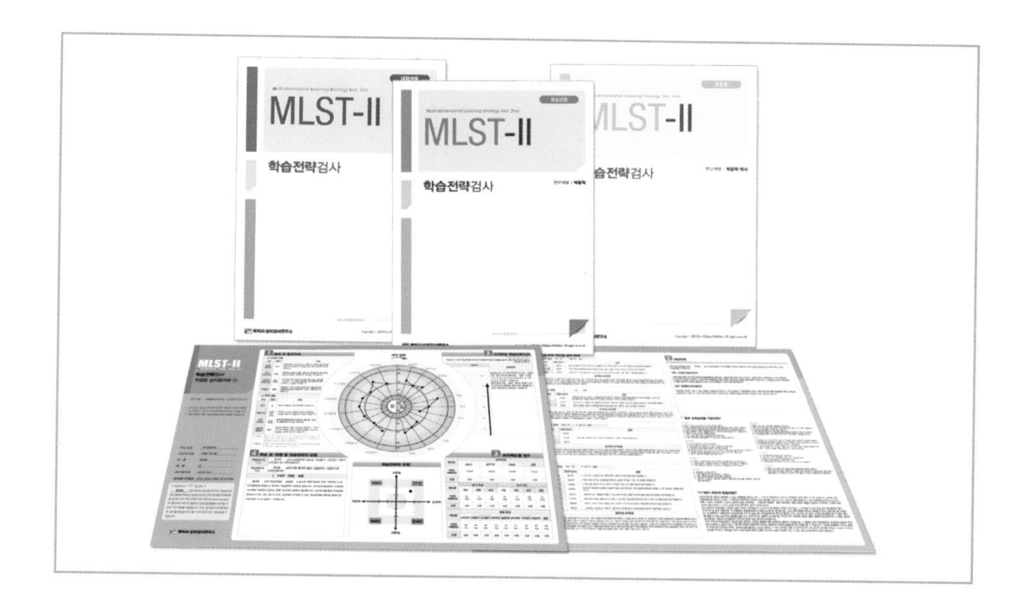

효과적인 학습이 일어나기 위해서는 다수의 전략적 행동이 요구됩니다.
MLST 학습전략검사는 학습과정에서 일어나는 습관적, 행동적, 전략적 효율성을 측정하는 것입니다.

이러한 요인들은 현재의 학업성취도에 직접적인 영향을 줄 수 있을 뿐만 아니라, 학년의 증가에 따라 지능 이상의 영향력을 발휘하며 자기주도적 학습능력의 근간을 이루기도 합니다.

또한 본인의 노력과 경험, 그리고 훈련에 의해 충분히 변화할 수 있는 부분이기 때문에 학습전략에서의 장점과 단점을 이해하는 것은 청소년의 학업 발달에 있어서 매우 실제적인 의미를 가지고 있습니다.

성격적 특성을 통해 알 수 있는 공부에 대한 자신감

공부에 대한 자신감은 자신의 ( ) 에 대해
얼마나 확신하고 있는지에 따라 달라집니다.

● **검사 결과 나의 성격적 특성 종합점수는 어디에 해당되나요?**
아래 그래프에 √표시 해보세요.

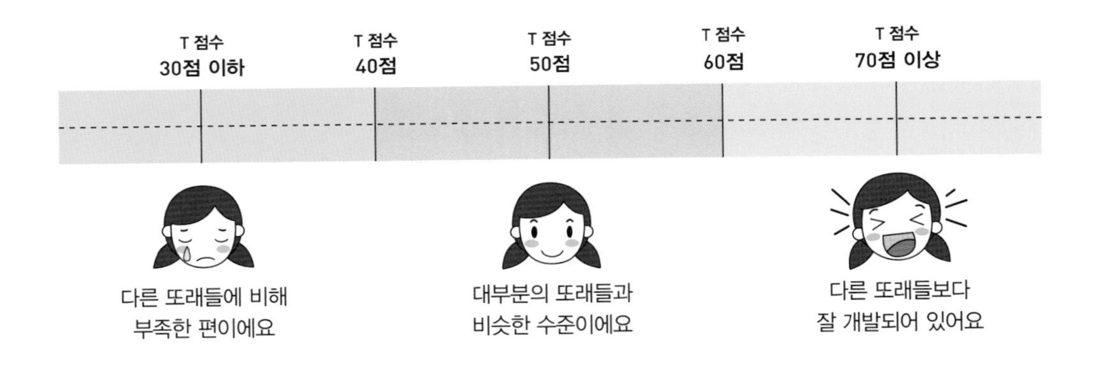

● **자신감을 키우려면 어떻게 해야 할까요?**

정서적 특성을 통해 알 수 있는 마음상태

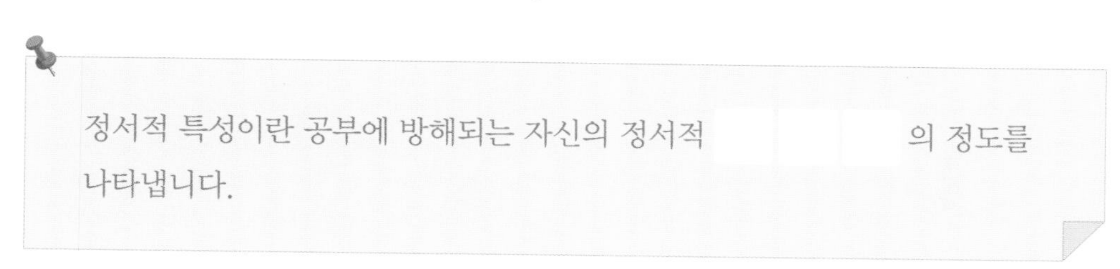

- **검사 결과 나의 정서적 특성 종합점수는 어디에 해당되나요?
아래 그래프에 ✓표시 해보세요.**

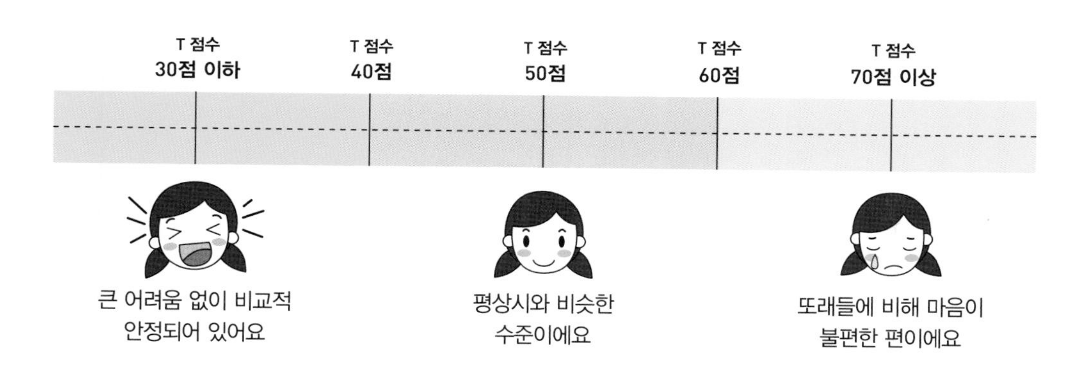

- **안정된 마음을 유지하려면 어떻게 해야 할까요?**

동기적 특성을 통해 알 수 있는 나의 동기

동기란 공부하는 ＿＿ 와 ＿＿ 에 따라 달라집니다.

학습동기	배움 그 자체를 중요하게 여기고 학습에 대한 흥미와 호기심, 만족감을 느끼는 정도를 측정합니다.
경쟁동기	자신의 능력이나 성취를 다른 사람들에게 과시하고자 하는 욕구, 인정받고자 하는 욕구를 측정합니다.
회피동기	자신의 부족하거나 열등한 모습을 보이고 싶어 하지 않으려는 욕구를 측정합니다.

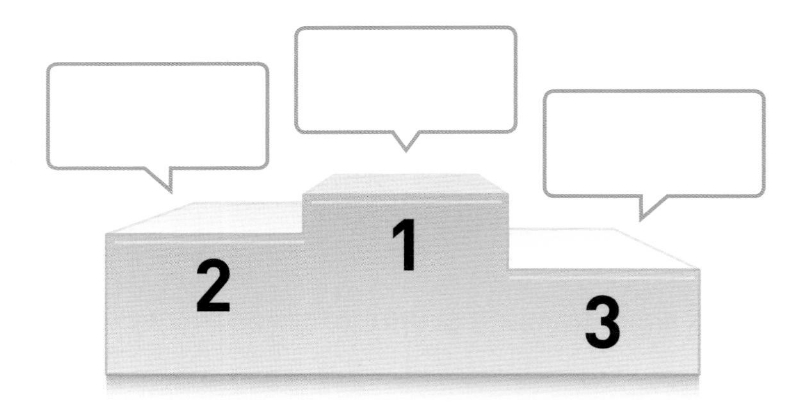

- **학습동기를 높이려면 어떻게 해야 할까요?**

행동적 특성을 통해 알 수 있는 나의 학습전략

학습전략이란 공부를 할 때 주로 어떤 ____과 ____을 가지고 있는지를 의미합니다.

- **검사 결과 나의 행동적 특성 종합점수는 어디에 해당되나요? 아래 그래프에 √표시 해보세요.**

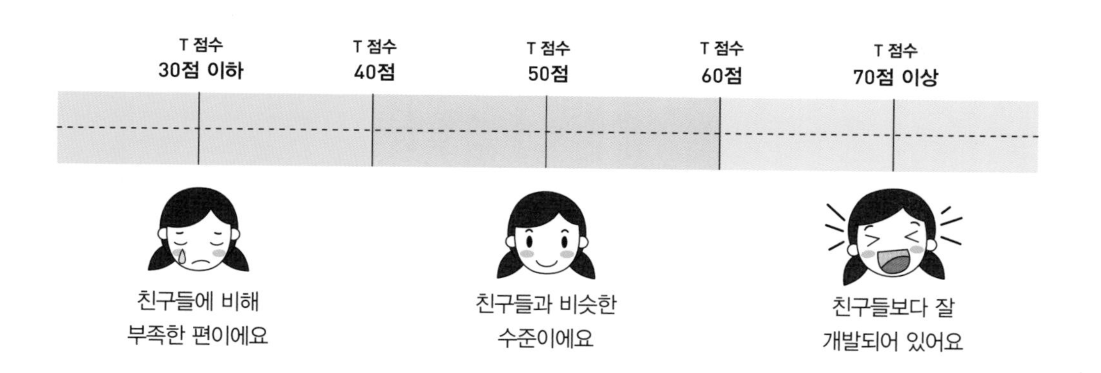

- **상대적으로 부족한 학습기술은 무엇인가요?**

앞으로의 변화를 위한 나의 다짐

- **앞에서 공부하는 데 있어서 어려움, 문제점에 대해 살펴보았습니다. 앞에서 찾아본 내용과 검사 결과를 통해 알게 된 문제점들을 어떻게 고치고 싶은지 적어봅시다.**

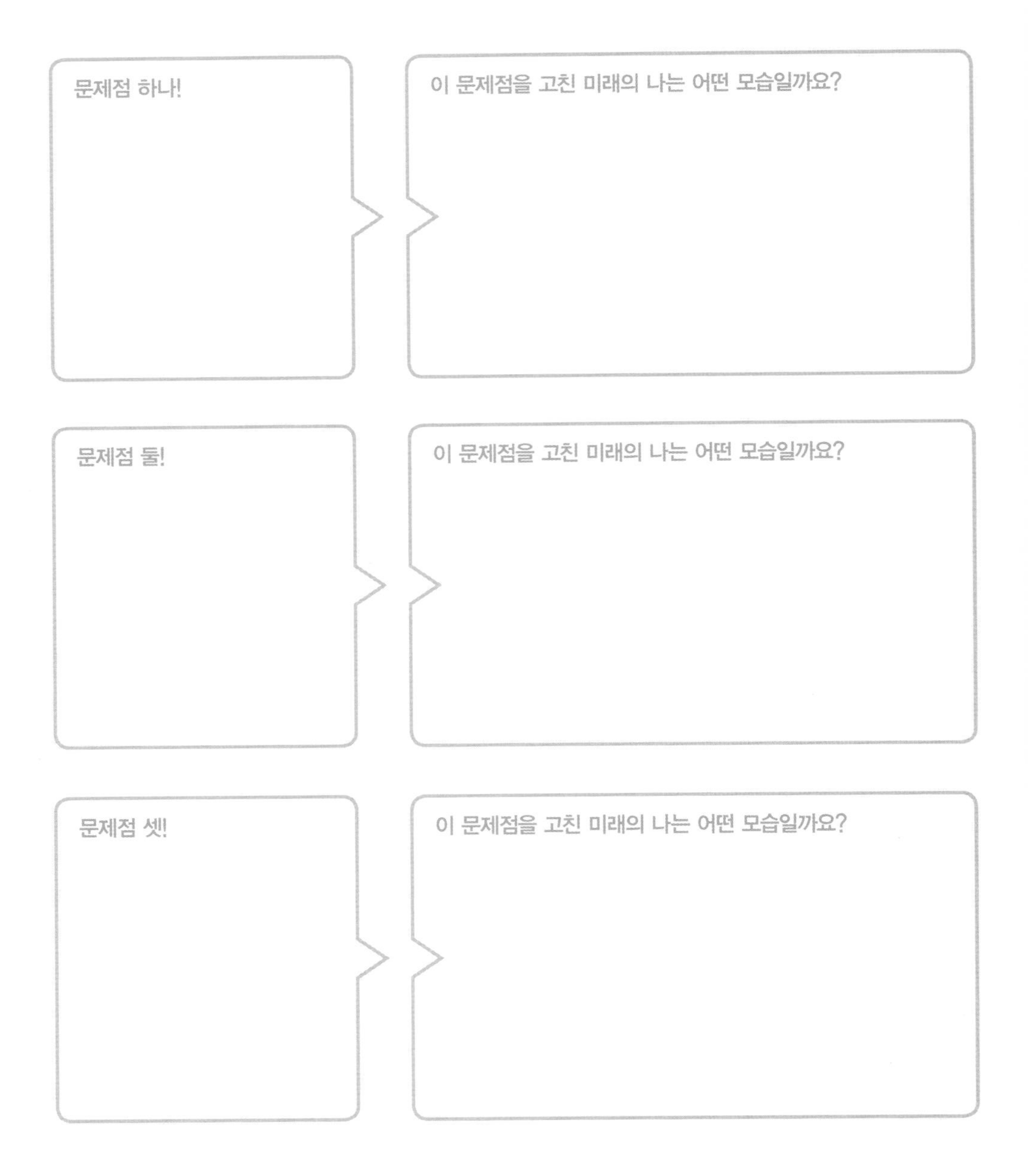

마음의 힘을 키우는 행복한 공부

★ 이번 시간에는 공부에 대한 나의 생각과 어려움을 탐색해보고, 학업 성취에 영향을 주는 여러 요인들에 대해 배워보았습니다. 아래의 그림에서 성적에 영향을 주는 필요조건에 해당하는 요인과 충분조건에 해당하는 요인을 선으로 연결해보세요.

과 제

이번 시간에 다루었던 해결하고 싶은 나의 학습문제에 대한 해결책을 찾아보고,
실천해봅시다.

문제점 하나!

어떻게 하면 이 문제점을 해결할 수 있을까요?

문제점 둘!

어떻게 하면 이 문제점을 해결할 수 있을까요?

문제점 셋!

어떻게 하면 이 문제점을 해결할 수 있을까요?

2

나를 발견하기

진로탐색을 위한 자기이해 1

들 어 가 기

"내가 여기서부터 어떻게 가야 하는지 알려줄 수 있니?"

"그것은 네가 어디로 가고 싶은지에 달려있어."
라고 고양이가 말했다.

"아, 어디로 가든 상관없어..."
앨리스가 말했다.

"그렇다면 네가 어떻게 가야 하는지도 마찬가지로 상관없어."
고양이가 말했다.

『이상한 나라의 앨리스』 중에서

★ 이번 시간에 배울 내용

- 진로란 무엇일까?
- 진로 선택은 왜 중요하지?
- 진로탐색을 위해 필요한 것은?
- 진로탐색을 위한 자기이해 첫 번째 – 나의 흥미는 무엇일까?

우리들의 진로 고민

● **다음의 이야기를 읽고 아래 질문에 답해봅시다.**

효민이는 미래에 의사가 되어 국경없는 의사회의 일원으로 활동하며 북한이나 아프리카와 같은 의료시설이 충분히 갖춰지지 않은 곳에 가서 아픈 사람들을 치료하고 싶다. 어려운 사람들을 위해 봉사하는 삶이 가치 있을 것 같기 때문이다.
하지만 효민이는 수학이나 물리, 화학과 같은 과목들은 이름만 봐도 골치가 아프다. 시험기간에는 이 과목들부터 공부를 시작하지만, 오히려 사회나 국어와 같이 덜 공부한 과목 성적이 더 좋다. 의사가 되려면 수학과 과학을 잘해야 한다는데.. 이런 과목은 재미도 없고 이해도 잘 안 된다. 요즘 들어서는 정말 내가 의사가 될 수 있을까? 의구심까지 든다. 또 부모님께서는 요즘 경제도 어려운데 차라리 사회 과목의 적성을 살려서 사회 선생님같이 안정적인 직업을 갖는 것이 좋다고 충고하셔서 갈등이 된다. 어떻게 하면 좋을까?

● **지금 이 친구에게 가장 필요한 것은 무엇일까요?**
나라면 이 친구에게 어떤 조언을 해주고 싶은지 적어보세요.

진로란 무엇일까?

- **진로는 어떤 점에서 등산을 하는 것과 비슷합니다. 교재 뒤에 있는 그림과 단어 스티커를 사용해서 진로를 등산에 비유해봅시다.**

〈활동 방법〉

1. 스티커에 있는 '단어'들과 의미가 통하는 '그림'을 찾는다.
2. 아래 산 그림의 적당한 위치에 그림스티커를 붙인다.
3. 그림스티커 옆에 단어스티커를 붙인다.

진로의 정의

- **내가 생각하는 진로란 어떤 의미인지 아래의 빈칸에 간략하게 적어보세요.**

진로(進路)란

좁은 의미로는 ____, ____ 과 관련된 인생의 길을 의미하지만
넓은 의미로는 사람의 일생 동안 이루어지는 모든 활동과 나아갈 길을
의미합니다. 즉 교육, 훈련, 대인관계, 직업, 결혼, 가정생활 등
모든 것을 포함하는 삶의 전 과정이라고 할 수 있습니다.

진로탐색의 중요성

● 내가 생각하는 직업 선택 기준은?

직업을 선택할 때 중요하게 생각하는 기준은 무엇인가요? 우선순위에 따라 3가지를 적어봅시다.

다른 친구들은 어떤 것을 가장 중요한 기준으로 선택했나요? 친구들의 의견을 정리해서 순위를 매겨봅시다.

1위

2위

3위

다른 사람들은 어떤 기준으로 진로를 선택할까?

다음은 진로에 대한 조사결과입니다. 빈칸에 들어갈 답을 추측해서 적어보세요.

1. “사람들이 직업 선택 시 가장 중요하게 생각하는 기준은?” *출처 : 2012년 통계청

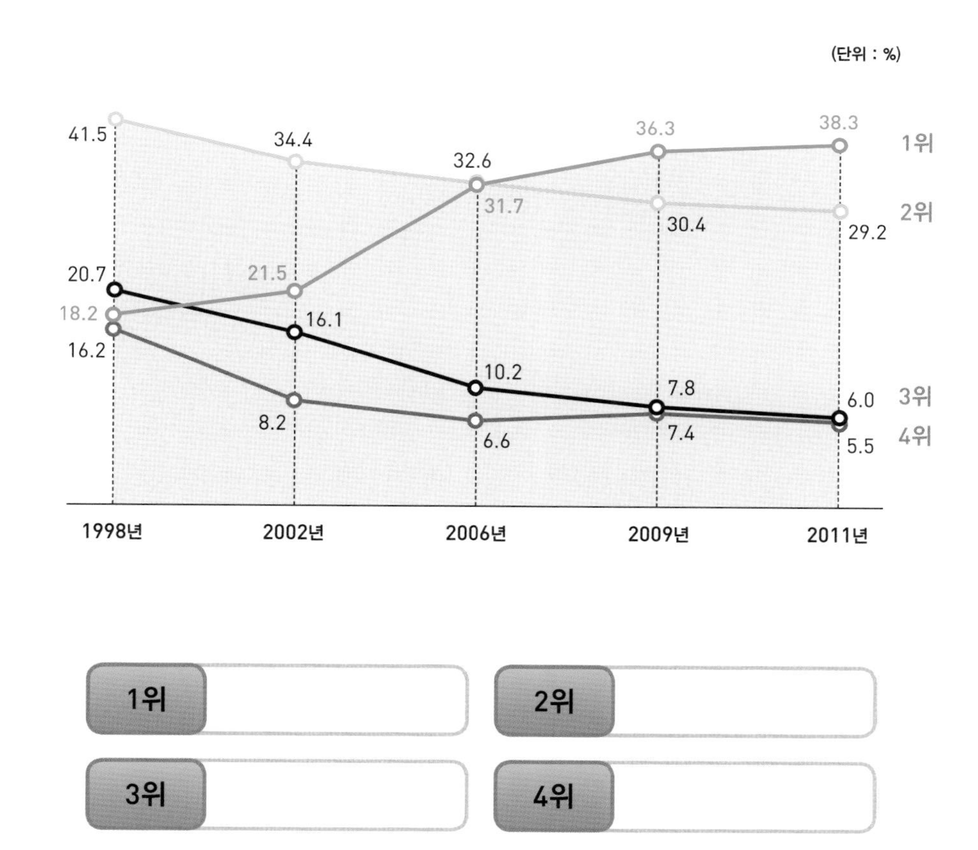

2. "직업에 대한 만족도가 가장 높은 직업과 낮은 직업은?" *출처 : 2012. 한국고용정보원

> 빈칸에 들어갈 직업을 아래의 보기 중에서 골라 맞혀보세요.

만족도가 높은 직업	
1위	초등학교 교장
2위	성우
3위	
4위	
5위	

만족도가 낮은 직업	
44위	의사
57위	
135위	
149위	
223위	외교관

보기

프로축구선수, 상담전문가, 작곡가, 변호사, 프로게이머, 가수, 신부,
약사, 국회의원, 영화배우

> 앞에서 살펴본 연구 결과들이 시사하는 바는 무엇일까요?
어떤 기준을 가지고 진로를 선택할 때 행복한 삶을 살 수 있을지 생각해봅시다.

진로탐색의 시작

행복한 삶을 살기 위해서는 청소년기부터 진로에 대해 계획을 세우는 것이 중요합니다. 진로 계획을 세울 때 가장 중요한 일 가운데 하나는 자기 자신을 명확하게 이해하는 것입니다.

나에 대해서 간단하게 알아보기

이제부터 '나'에 대한 간단한 작문을 해봅시다. 다음의 단어로 시작되는 문장을 완성해봅시다. 딱히 정답이 있는 것이 아니므로, 그저 생각나는 대로 문장을 채우면 됩니다.

❶ 내가 가장 좋아하는 일은 .... 다.

❷ 내가 가장 싫어하는 일은 .... 다.

❸ 내가 가장 하고 싶은 일은 .... 다.

❹ 내가 잘하는 일은 .... 다.

❺ 나는 앞으로 .... 을(를) 잘할 수 있으리라 생각한다.

❻ 나에게 그 무엇보다 가장 소중한 것은 .... 다.

❼ 우리 부모님은 내가 앞으로 .... 바라신다.

❽ 내가 공부하고 싶으려면 .... 다.

*진로탐색을 위한 자기이해 첫 번째! – 흥미

- **흥미가 무엇을 의미하는지 생각해본 뒤, 아래에 적어봅시다.**

흥미란?

흥미에 대한 이해

> 흥미란 한 사람이 어떤 활동이나 사물에 대해 특별한 　　　　을 갖고 　　　　 하게 하는 경향으로, 자신이 　　　　　　　 것에 주의를 기울이고 이를 향해 나아가고자 하는 　　　　 입니다.

> 흥미 있는 활동을 통해 　　　　　　 과 　　　　　　 을 얻을 수 있지만, 이러한 감정들 자체가 흥미는 아닙니다. 게임이나 TV 보기, 잠자기처럼 아주 잠시 동안만 즐거움과 만족감을 주는 활동들은 흥미라고 보기 어렵습니다.

> 흥미가 　　　　 을 의미하는 것은 아닙니다. 무언가에 재미를 느낀다면 잘할 수 있겠지만, 반드시 그런 것은 아닙니다. 예를 들어 노래 부르는 것을 좋아하는 사람이 노래를 잘하지 못할 수 있습니다. 하지만 흥미를 가지고 계속해서 연습해 나간다면 언젠가 잘하게 될 수도 있습니다.

나의 흥미 탐색하기

생활하면서 즐거움을 느끼고 관심이 가는 것, 공부가 아니라도 자발적으로 열심히 몰입하는 활동들이 무엇인지 생각해봅시다.

· 내가 좋아하는 것(또는 활동)?

· 내가 즐거움을 느끼는 것(또는 활동)?

· 내가 열심히 하는 것(또는 활동)?

· 내가 관심 있는 것(또는 활동)?

통통 튀는 나의 흥미

생활하면서 즐거움을 느끼고 관심이 있는 일이나 활동들을 자유롭게 적어보세요.

내 흥미의 무게는?

자신이 적은 흥미를 살펴보고, 아래에 제시된 기준으로 자신의 흥미의 무게가 어느 정도일지 생각해봅시다.

먼저 저울판에 자신의 흥미를 적은 다음, 각 흥미에 해당하는 무게를 매겨보세요. 최소 1kg에서 최대 10kg으로 무게를 매길 수 있고, 기준은 아래를 참고하세요.

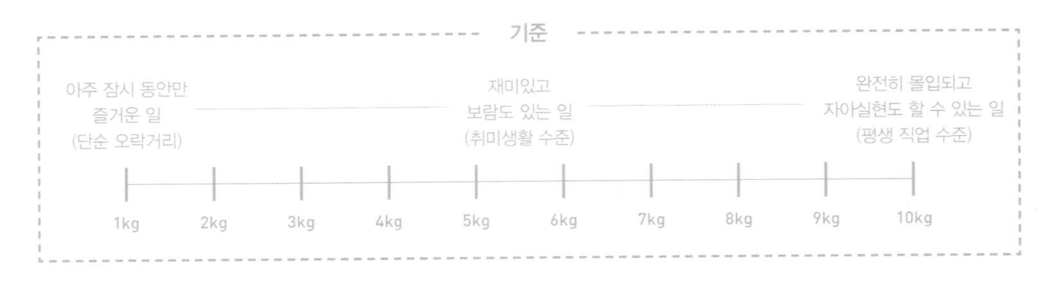

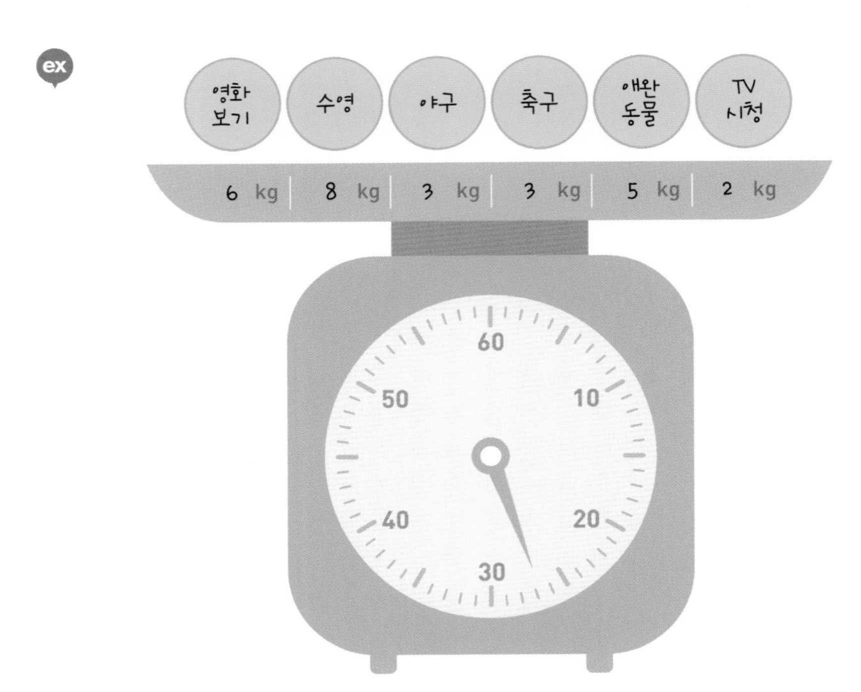

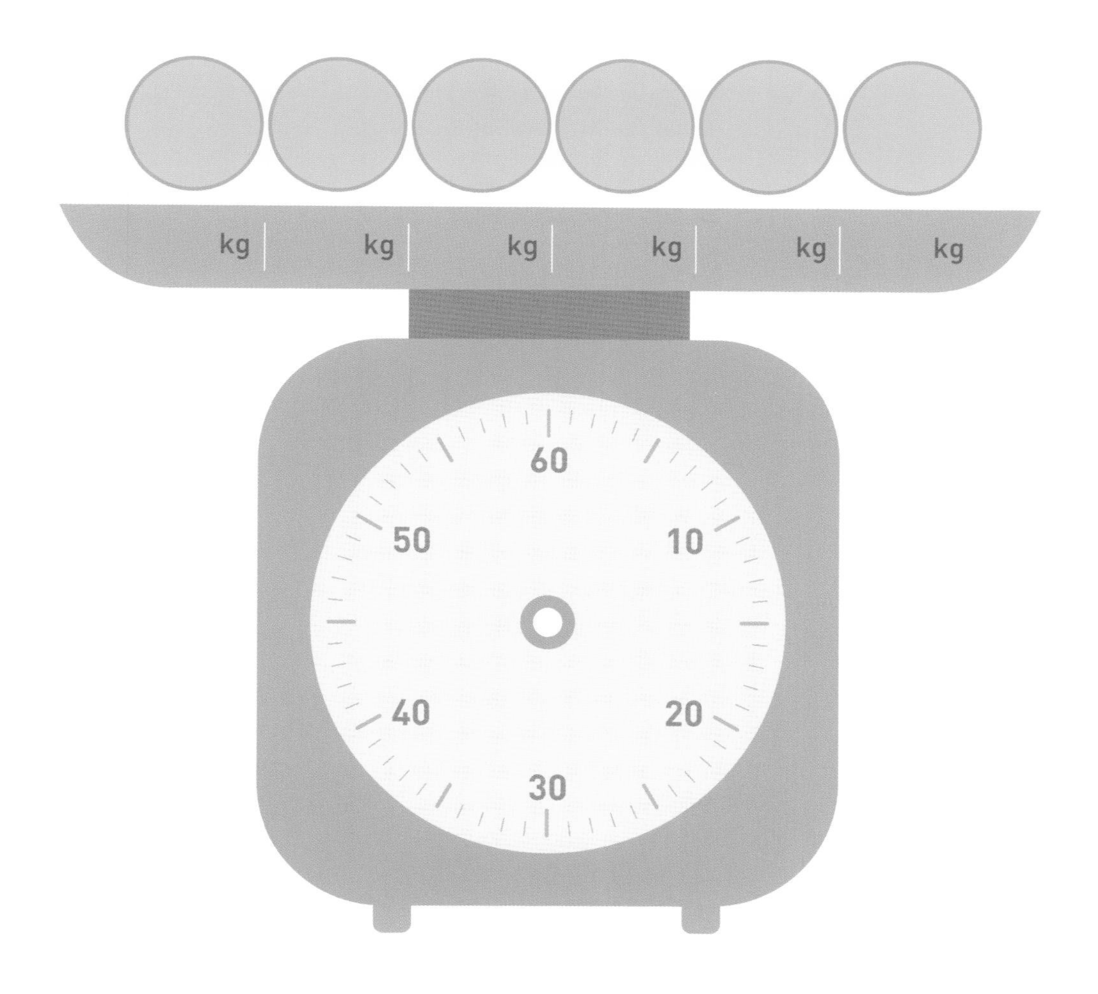

> 자신의 흥미의 무게가 총 몇 kg인지 계산해봅시다. 그리고 저울에 총 몇 kg인지 표시해봅시다.

_______________ kg

> 우리 조의 평균 무게는 얼마인가요? 그리고 우리 조에서 최고 무게와 최저 무게는 얼마인가요?

> 흥미에 따라서 몇 kg이라고 적었는지, 그렇게 적은 이유가 무엇인지 조별로 함께 이야기를 해보세요.

> 주로 어떤 흥미가 많았나요? 인터넷 게임이나 TV 시청같이 즉흥적으로 즐기는 활동들이 주로 있나요? 혹은 오래 지속할 수 있는 활동들이 주로 있나요? 아래에 활동을 적어봅시다.

즉흥적인 흥미 (3kg 이하)	지속적 흥미 (7kg 이상)

나의 흥미 명확히 하기

흥미의 분류

아래 표에 나와 있는 분류를 보고, 앞서 살펴본 나의 흥미 6개는 어떤 영역에 속하는지 표시해봅시다. *해당되는 영역의 체크난에 / 표 하세요.

〈흥미분류표〉

분야	활동 종류	체크
돌보기 활동	어린아이 돌보기, 노인 방문하기, 다른 친구들에게 모르는 문제 가르쳐주기, 방문객 안내하기, 봉사하거나 자원 활동하기, 간호하기	
대인관계 활동	자선 단체 조직하기, 토론하기, 논쟁하기, 청소년 단체 참여하기, 학교 동아리 활동 참여하기, 게임 고안하기, 다른 사람 이야기 들어주기, 다른 사람 설득하기	
언어 활동	문학 서적 읽기, 철학 서적 읽기, 역사 서적 읽기, 단어의 어원 찾기, 출판물 편집하기, 기사 작성하기, 영어로 외국인과 대화하기, 외국어 배우기	
과학 활동	화학 공부하기, 물리 공부하기, 생물 공부하기, 천체와 별 관찰하기, 동식물 관찰하기, 환경 변화 탐구하기, 과학 관련 책 읽기	
계산/정리 활동	용돈 사용 계획 작성하기, 가계부 정리하기, 돈 관리하기, 다이어리 정리하기, 주변환경 청소하기, 신문의 경제면 읽기	
가구 제작/수리 활동	모형 비행기 만들기, 프라모델 만들기, 시계나 자전거 등 수리하기, 전기 기구 설치 및 수리하기, 가구 제작하기, 조립하기, 장난감 고치기, 목재 공작하기	
실습 활동	십자수, 뜨개질, 가구칠하기나 닦기, 옷 수선 및 재단하기, 조리하기, 주변 장식하기, 식물 재배하기, 정원 가꾸기	
예술 활동	음악 연주하기, 시 쓰기, 도자기 만들기, 춤추기, 그림 그리기, 사진 찍기, 악기 연주, 예쁜 글씨 쓰기, 귀여운 캐릭터 그리기	
신체 활동	축구, 야구, 수영, 등산, 자전거, 단체 게임	

*출처 : 2011. 경기도 교육청

내 흥미는 어디에 속하나?

주로 어디에 속하는 흥미가 많았나요? 자신이 좋아하는 활동이 많은 분야가 자신이 즐거움을 느끼면서 할 수 있는 일이 될 수 있습니다.

> 가장 많은 흥미 활동이 속한 분야

1. ____________________

2. ____________________

3. ____________________

진로탐색을 위한 자기이해 1

★ 　　　란 좁은 의미로는 일, 직업과 관련된 인생의 길을 의미하지만
넓은 의미로는 사람의 일생 동안 이루어지는 모든 활동과 나아갈 길을 의미합니다.

★ 진로 목표를 결정할 때 가장 우선 되어야 하는 것은 　　에 대한 이해입니다.

★ 　　　란 한 사람이 어떤 활동이나 사물에 대해 특별한 관심을 갖고 열중하게 하는
경향으로, 자신이 좋아하는 것에 주의를 기울이고 이를 향해 나아가고자 하는 감정입니다.

과 제

나의 흥미를 개발해서 해볼 수 있는 직업들을 찾아오세요.

나의 흥미	관련 직업	그렇게 생각한 이유

3

나를 완성하는 퍼즐조각

진로탐색을 위한 자기이해 2

“꿈노트를 만들어보세요”

나는 자칭 ‘꿈노트’라고 부르는 공책을 갖고 있다.
그냥 보통 공책인데, 거기에다 내 희망과 꿈과 나를 고무하는 말과 생각들을 기록한다.
가끔 한적한 시간에 꿈노트를 뒤적거리며 3년, 4년, 5년 전에 써놓은 것들을 들여다본다.
어떤 것들은 당시엔 불가능한 듯 여겨졌지만 요즘은 오히려 시시할 정도다.
왜냐하면 나는 계속 꿈을 이루며 전진하고 있기 때문이다.

매튜 캘리의 『위대한 나』 중에서

– 이 세상의 모든 놀라운 발견, 발명, 업적들은 모두 누군가의 작은 꿈에서 시작되었음이 분명합니다. 꿈노트는 ‘내가 원하는 나의 모습’, ‘내가 바라는 미래’를 설계하는 밑그림입니다. 설계도면 없는 건물을 상상할 수 없듯, 인생도 밑그림이 중요합니다. 꿈노트는 미래의 문을 여는 열쇠입니다.

★ 이번 시간에 배울 내용

- 진로탐색을 위한 자기이해 두 번째 – 나의 적성은 무엇일까?
- 진로탐색을 위한 자기이해 세 번째 – 나의 가치관은 무엇일까?

적성의 의미와 중요성

적성이란 어떤 일을 하는 데 필요한 　　　　　　이나 　　　　　　을 말합니다. 이것은 태어나면서부터 가지고 있는 기질이나 성격적인 측면으로부터 영향을 받을 뿐 아니라 자라오면서 받은 환경적인 영향, 경험 등을 통해 생기는 것입니다. 적성은 능력적인 부분을 반영하기 때문에 흔히 자신의 강점으로 볼 수 있습니다.

- **적성과 흥미는 어떤 점에서 다를까요?**

적성도 키울 수 있을까?

적성은 타고난 능력이나 소질이지만 학습경험이나 훈련을 통해서도 　　　　 될 수 있습니다. 즉, 적성은 특정한 활동에 대한 능력 이외에도 그 능력을 나타낼 수 있는 　　　　 의 개념도 포함합니다.

> 위의 사진은 위대한 작곡가 모차르트와 베토벤의 친필 악보 초안입니다. 베토벤 의악보는 수정한 흔적이 많고, 너무 열심히 고쳐서 일부는 종이에 구멍이 뚫리기까지 한 반면, 모차르트의 악보는 초안이라 믿기 힘들 정도로 수정한 흔적이 없이 깨끗합니다. 두 사람의 공통점과 차이점은 무엇일까요? 또 이러한 차이는 진로 선택에 있어서 어떤 의미를 전해줄까요?

나의 강점은?

많은 학생들이 '나는 특별히 잘하는 것이 없어.'라고 생각하며 강점 찾기를 어려워합니다. 하지만 잘하는 것이 없는 사람은 없습니다. 그동안 내가 어떤 일에 재능을 갖고 있는지 관심 있게 찾아보지 않았을 뿐입니다. 다음의 질문에 대답해보며 나의 강점을 찾아봅시다.

- **지금까지 해봤던 일들 중에서 잘했던 일이나 잘할 수 있다고 생각했던 일, 재능이 있다고 생각되는 활동은 무엇인가요?**

ex 그림 그리기, 요리하기, 운동하기, 청소하기, 기계 조립하기 등

•
•
•

- **나를 잘 알고 있는 사람들(부모, 형제, 친구, 친척, 선생님 등)이 나에게 잘한다고 이야기하고 칭찬해주는 것은 무엇인가요?**

•
•
•

강점 발견하기

● **아래 표에는 여러 가지 강점들이 나열되어 있습니다. 자신에게 해당되는 강점을 찾아서 ☆표 해보세요.**

☆☆☆ 나의 최고 강점 　 ☆☆ 분명 나의 강점이야! 　 ☆ 소질이 있는 것 같아~

내용	별점
· 손재주가 있다	
· 호기심이 강하다	
· 창의적이다	
· 친절하다	
· 리더십이 있다	
· 꼼꼼하다	
· 체력이 좋다	
· 똑똑하다	
· 봉사정신이 강하다	
· 열정적이다	
· 계획적이다	
· 운동을 잘한다	
· 논리적이다	
· 포용력이 뛰어나다	
· 말을 잘한다	
· 조심성이 있다	
· 솔직하다	

내용	별점
· 분석을 잘한다	
· 패션감각이 뛰어나다	
· 이해심이 많다	
· 활기차다	
· 질서를 잘 지킨다	
· 기계를 잘 다룬다	
· 냉정하게 평가한다	
· 자유롭다	
· 잘 가르쳐준다	
· 설득을 잘한다	
· 정리정돈을 잘한다	
· 표정이 밝다	
· 예의가 바르다	
· 사교성이 좋다	
· 긍정적이다	
· 친근하다	
· 배짱이 있다	

● **내 강점의 공통점을 찾아 정리해봅시다.**

적성을 찾는 마음의 눈

● **다음은 누구의 이야기일까요? 조별 토론을 통해 각각의 주인공을 찾아주세요.**

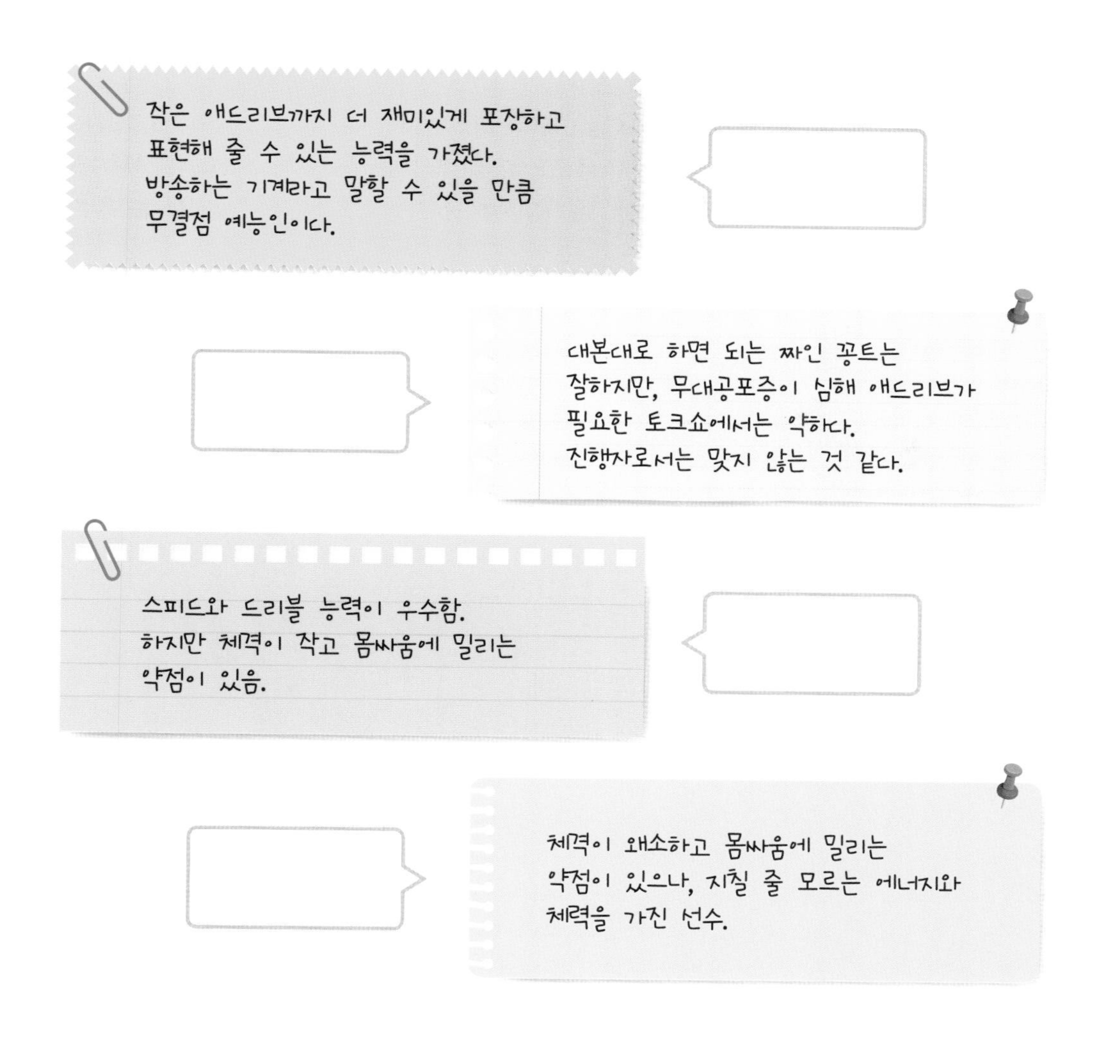

여러분도 혹시 부정적인 눈으로 스스로를 보고 있지 않나요?
나의 재능과 적성은 긍정적인 눈으로 찾을 때 발견할 수 있습니다.

앞에서 살펴본 것처럼, 강점을 발견하고 개발하기 위해서는 나를 바라보는 긍정적인 눈과 끊임없는 노력이 필요합니다. 이번 시간에 찾은 나의 강점을 개발, 활용한다면 미래의 나는 어떤 모습일까요?

가치관의 중요성

우리는 살아가면서 선택을 해야 하는 무수한 상황에 맞닥뜨리게 됩니다. 이때 선택의 기준이 되는 것 중 하나가 가치관인데요, 가치관은 자신이 삶에서 중요하다고 믿고 의미 있다고 생각하는 것을 말합니다. 가치관은 알게 모르게 일상생활의 모든 결정과 선택에 있어서 중요한 근거로 작용합니다.

우리 삶 속에서 가치관은 어떻게 작용할까요?

예문

구제역 수의사의 절망

구제역 방역이 장기화하면서 가축의 살처분을 도맡아 하는 방역 공무원들이 육체적·정신적으로 고통스런 시간을 보내고 있다. 경기도 제2축산위생연구소 가축방역팀의 백**(37 · 수의사)씨는, 지난달 16일 파주지역에 투입된 뒤 22일째 여관에서 지내면서 아침부터 밤늦은 시간까지 구제역과 싸우고 있다. 초기에는 거의 매일 새벽 4~5시까지 밤샘작업을 했다고 한다. 백씨 등 경기도 제2축산위생연구소 가축방역관 30여 명은 가축의 상태를 판단하고 소독에서 살처분·매몰까지 모든 과정을 지휘하는 경기 북부지역 구제역 현장 사령관들이다. 행정 공무원과 군인, 경찰, 소방대, 민간인 등 지원 인력에 대한 교육과, 예방 살처분에 반발하는 농민을 설득하고 매몰지를 선정하는 일이 모두 이들의 몫이다.

8살 아이를 둔 백씨는 "무엇보다 가장 견디기 힘든 것은 젖먹이 송아지나 새끼 돼지를 살처분할 때"라며 "이럴 때면 직업에 대한 회의감이 몰려오고, 악몽에 시달리곤 한다"고 말했다. 지난해 1월 경기도 연천에서 발생한 구제역 살처분에 동원된 뒤엔 외상후 스트레스와 우울증을 겪었다고 했다. 당시 살처분 한우농장이 우연히도 지지난해 브루셀라 감염 때문에 자신의 손으로 살처분했던 농가여서 후유증이 더 컸다고 말했다. 두 번씩이나 같은 집 가축을 없앴다는 죄책감 때문에 사흘간 농가에 머물며 울면서 사죄했지만, 현장을 떠난 뒤에도 한참 동안 소·돼지 울음소리가 환청처럼 들리고 소·돼지에 쫓기는 악몽에 시달렸다고 했다.

이날 한나라당 구제역대책특위 간사인 김영우 의원이 내놓은 자료를 보면, 최근 살처분 참여 공무원 211명을 설문조사한 결과 71.1%가 정신적 스트레스, 악몽 등에 따른 수면장애를 겪는다고 했다.
백씨는 "생명을 살려야 할 수의사가 생명을 없애는 일도 해야 하니 가슴이 아프다"면서도 "구제역 차단을 위해선 살처분은 불가피하다"고 말했다. 그는 "축산농가들도 방역에 힘쓰는 등 자신의 재산을 지키는 노력을 해달라"고 당부했다.

[2011. 1. 7 한겨레신문]

> 이 사람들이 겪는 어려움의 이유는 무엇일까요?

> 위와 같은 상황이 아니더라도, 만약 나의 가치관과 어긋나는 직업을 선택하게 된다면 어떤 결과가 나타날까요?

직업 가치관의 종류 이해하기

- **다음 설명을 읽고 평소 자신의 가치에 가장 잘 부합하는 것 3가지를 골라 체크해보세요.**

가치관	설명	체크
성취	스스로 달성하기 어려운 목표를 세우고 이를 달성하여 성취감을 맛보는 것을 중시하는 가치	
봉사	자신의 이익보다는 사회의 이익을 고려하며, 어려운 사람을 돕고, 남을 위해 봉사하는 것을 중시하는 가치	
개별 활동	여러 사람과 어울려 일하기보다 자신만의 시간과 공간을 가지고 혼자 일하는 것을 중시하는 가치	
직업 안정	해고나 조기퇴직의 걱정 없이 오랫동안 안정적으로 일하며 안정적인 수입을 중시하는 가치	
변화 지향	일이 반복적이거나 정형화되어 있지 않으며 다양하고 새로운 것을 경험할 수 있는지를 중시하는 가치	
몸과 마음의 여유	건강을 유지할 수 있으며 스트레스를 적게 받고 마음과 몸의 여유를 가질 수 있는 업무나 직업을 중시하는 가치	
영향력 발휘	타인에게 영향력을 행사하고 일을 자신의 뜻대로 진행할 수 있는지를 중시하는 가치	
지식 추구	일에서 새로운 지식과 기술을 얻을 수 있고 새로운 지식을 발견할 수 있는지를 중시하는 가치	
애국	국가의 장래나 발전을 위하여 기여하는 것을 중시하는 가치	
자율성	다른 사람들에게 지시나 통제를 받지 않고 자율적으로 업무를 해나가는 것을 중시하는 가치	
금전적 보상	생활하는 데 경제적인 어려움이 없고 돈을 많이 벌 수 있는지를 중시하는 가치	
인정	자신의 일이 다른 사람들로부터 인정받고 존경받을 수 있는지를 중시하는 가치	
실내 활동	주로 사무실에서 일할 수 있으며 신체활동을 적게 요구하는 업무나 직업을 중시하는 가치	

*출처 : 한국고용정보원 유스워크넷

가치관 세잎 클로버

● **여러분이 중요하게 생각하는 가치관 BEST 3는 무엇인가요? 선택한 가치관이 자신에게 중요한 이유는 무엇인가요?**

가치관 월드컵

- **직업을 선택할 때 우리들이 가장 중요하게 생각하는 가치관은 무엇인지 조원들과 토론해봅시다.**

앞에서 살펴본 13가지 가치관들을 토너먼트 식으로 선별하여(예 13가지 → 8가지 → 4가지 → 2가지 → 1가지), 조에서 가장 중요시한 가치관이 무엇이며 그 가치관을 최종 선택한 이유를 정리하여 발표해봅시다.

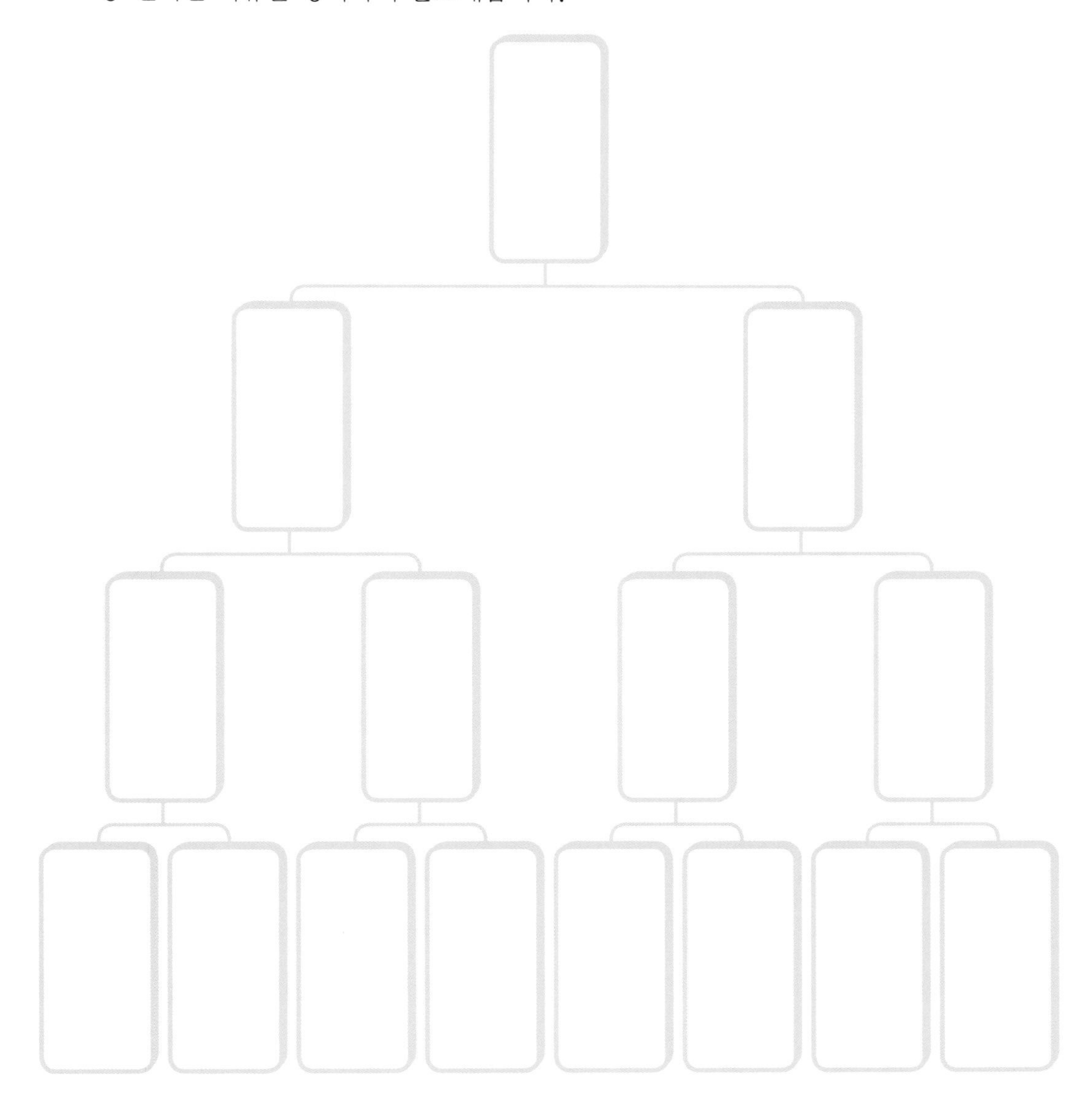

> 나에게 별로 중요하지 않지만 다른 사람들에게는 중요했던 가치가 있었나요?

> 가치관에 있어 다른 사람들과 나는 어떤 점이 다른가요?

> 조별 토론을 통해 중요하게 여기는 가치가 새로 생겼다면 어떤 것이고, 그 이유는 무엇인가요?

진로탐색을 위한 자기이해 2

★ 적성이란 어떤 일을 하는 데 필요한 ____ 이나 ____ 을 말합니다.

★ 적성은 타고난 능력이나 소질이지만 학습경험이나 훈련을 통해서도 ____ 될 수 있습니다.

★ 이번 시간을 통해 발견한 나의 적성은?

★ 가치관은 자신이 삶에서 ____ 하다고 믿고 ____ 있다고 생각하는 것을 말합니다.

★ 이번 시간을 통해 알게 된 나의 가치관은?

과 제

• 나의 적성을 개발해서 해볼 수 있는 직업들을 찾아오세요.

나의 적성	관련 직업	그렇게 생각한 이유

• 나의 가치관과 관련 있는 직업들을 찾아오세요.

나의 가치관	관련 직업	그렇게 생각한 이유

• 'Holland 진로탐색검사' 를 온라인으로 실시하고, 그 결과표를 출력해오세요.

* 아래에 소개하는 검사들을 실시해도 무방합니다.

· 청소년 직업흥미검사 _ 고용노동부(워크넷)

· Strong 진로탐색검사 _ 한국심리검사연구소

· KCT 진로지향성검사 _ 행동과학연구소

4

나의 미래 목표를 찾는 여행

진로 유형의 탐색과 진로 계획 세우기

들 어 가 기

민수는 정의감이 넘치고 말도 조리 있게 잘하는 중학교 2학년 학생입니다. 학교에서 몸이 약한 친구들이 괴롭힘을 받을 때면 언제나 나서서 보호해 주곤 하여, 민수는 친구들에게 인기가 많은 편입니다. 부모님도 민수의 이런 점을 잘 알고 계셔서 민수에게 '변호사'나 '검사' 같은 직업을 가지면 좋겠다고 늘 말씀하십니다. 실제로 민수의 외삼촌이 변호사이신데, 가끔씩 만나는 외삼촌에게서 듣는 법정 이야기는 언제나 흥미진진합니다.

그렇지만 민수는 한 가지 고민이 있습니다. 앞에 나서서 다른 사람들을 도와주고 변호해주는 것도 좋아하는 일이기는 하지만, 사실 민수는 자기 방에서 혼자 뭔가를 조립하고 만드는 일을 할 때 가장 행복합니다. 이런 취미를 발전시켜서 나중에 자동차나 비행기를 만드는 사람이 되고 싶은 바람도 있습니다.

민수는 이 두 가지 일 중에서 어떤 일이 자신에게 더 잘 맞을지, 혹은 더 잘할 수 있는 다른 일이 있는지 너무너무 궁금합니다. 이런 민수에게 어떤 도움을 줄 수 있을까요?

– 이런 경우, 전문적인 직업 검사를 통해 자신의 흥미나 적성을 파악해보는 것이 민수에게 도움이 될 수 있습니다. 이번 시간에는 전 세계적으로 가장 널리 사용되는 직업 검사인 Holland 검사와 그 결과를 통해 자신을 이해하는 방법을 배우고, 나의 여러 가지 특성들과 검사결과를 바탕으로 진로 의사결정 하는 법, 나의 진로 목표를 구체화하는 방법에 대해 살펴보겠습니다.

★ 이번 시간에 배울 내용

- 진로탐색검사는 어떻게 활용할 수 있을까?
- 합리적인 진로 의사결정 방법은?
- 진로 포트폴리오는 어떻게 만들지?

진로탐색과 심리검사의 활용

- **진로 탐색의 과정에서 심리검사가 필요한 이유는?**

> 진로 탐색의 과정이라는 것은, 진로 문제를 구체화하고 개인의 특성과 흥미에 대해 정확히 이해하며, 이를 바탕으로 올바른 방향을 정하고 의사결정을 내리는 작업 등이 포함되는 복잡한 활동입니다.

이를 위해서는 심리검사를 활용하는 것이 필요합니다.
심리검사를 통해 보다 체계적으로 진로 탐색을 할 수 있을 뿐만 아니라
좀 더 과학적으로 접근하는 것도 가능해집니다.

Holland 진로 탐색 검사 결과 이해하기

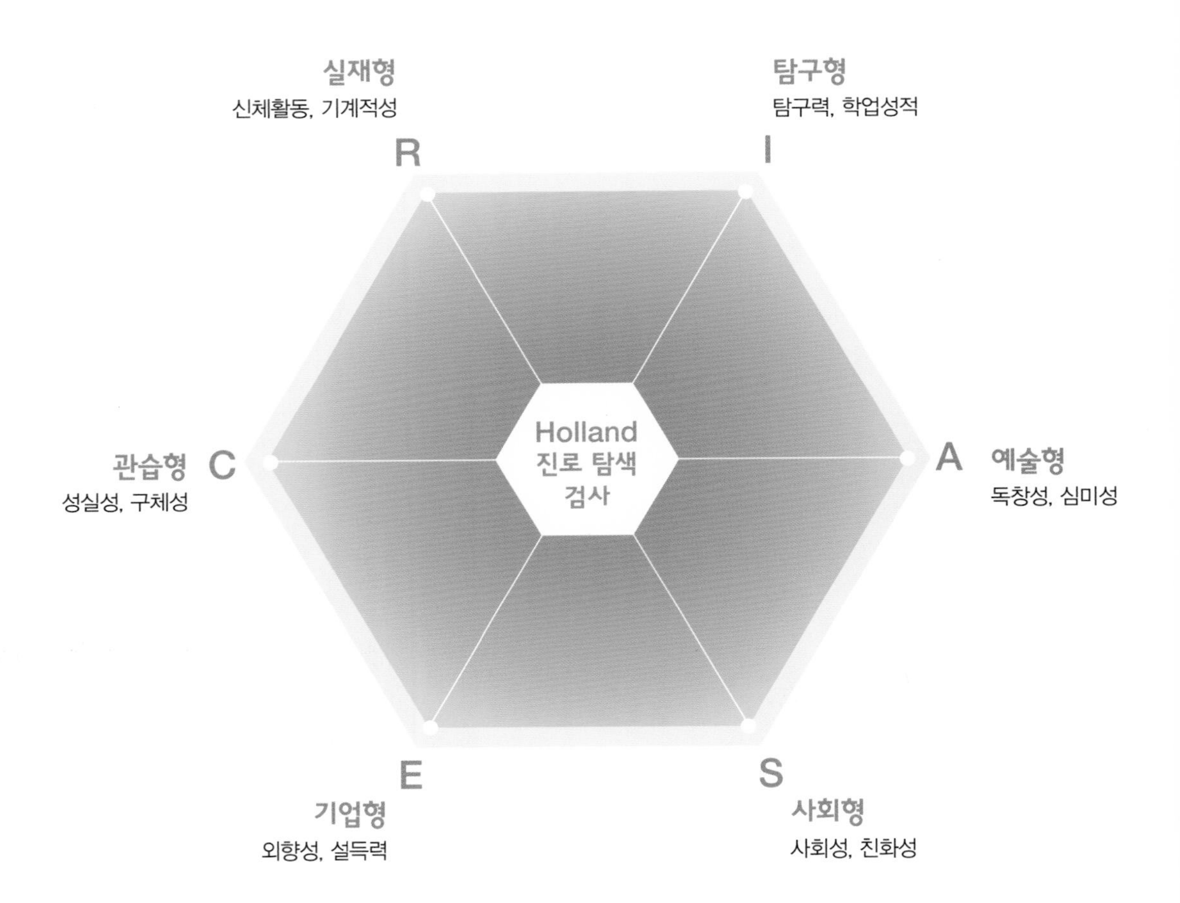

실재형 Realistic Type

사물을 잘 다루고, 기계적 능력은 뛰어난 반면 사회적 기술은 부족하다.

· 실재형을 잘 설명하는 단어들
남성적, 솔직하고 성실한, 말이 적은, 소박한, 구체적인, 실리적인, 냉정한, 비사교적인, 직선적인, 단순한, 순수한

· 실재형의 대표적 직업은?

탐구형 Investigative Type

깊이 생각하는 것을 좋아하고, 수학적/과학적 능력은 우수하지만 리더십은 부족하다.

· 탐구형을 잘 설명하는 단어들
논리적이고 분석적인, 합리적인, 지적 호기심이 많은, 정확한, 학구적인, 비판적인, 내성적인, 조심하는, 지적인

· 탐구형의 대표적 직업은?

사회형 Social Type

다른 사람들을 돕기 좋아하며, 사회적인 기술과 재능은 있지만 기계적/과학적 능력은 부족하다.

· 사회형을 잘 설명하는 단어들
사람을 좋아하는, 친절한, 배려심 있는, 외향적인, 관대한, 협동적인, 봉사적인, 열성적인, 책임이 있는, 이해하는

· 사회형의 대표적 직업은?

기업형 Enterprising Type

리더십과 설득력이 있으며, 언어구사력이 뛰어나고 리더십이 있지만 과학적 능력은 부족하다.

· 기업형을 잘 설명하는 단어들
지도력이 있는, 말을 잘하는, 과시적인, 활기찬, 자신감 있는, 외향적인, 모험적인, 사교적인, 낙관적인

· 기업형의 대표적 직업은?

예술형 Artistic Type

창의적이고 예술적 능력은 뛰어나나 사무적인 능력은 부족하다.

· 예술형을 잘 설명하는 단어들
상상력이 풍부한, 감수성이 강한, 자유분방한, 개방적인, 순응하지 않는, 즉흥적인, 감정이 풍부한, 상상력이 있는

· 예술형의 대표적 직업은?

관습형 Conventional Type

꼼꼼하고 철저하며 사무적인 능력은 뛰어나지만 예술적 능력은 부족하다.

· 관습형을 잘 설명하는 단어들
빈틈이 없는, 조심성이 있는, 계획성이 있는, 보수적인, 사무적인, 질서정연한, 책임감이 강한, 주의 깊은

· 관습형의 대표적 직업은?

Holland 검사 결과 정리하기

- 나의 Holland 진로유형 코드는?

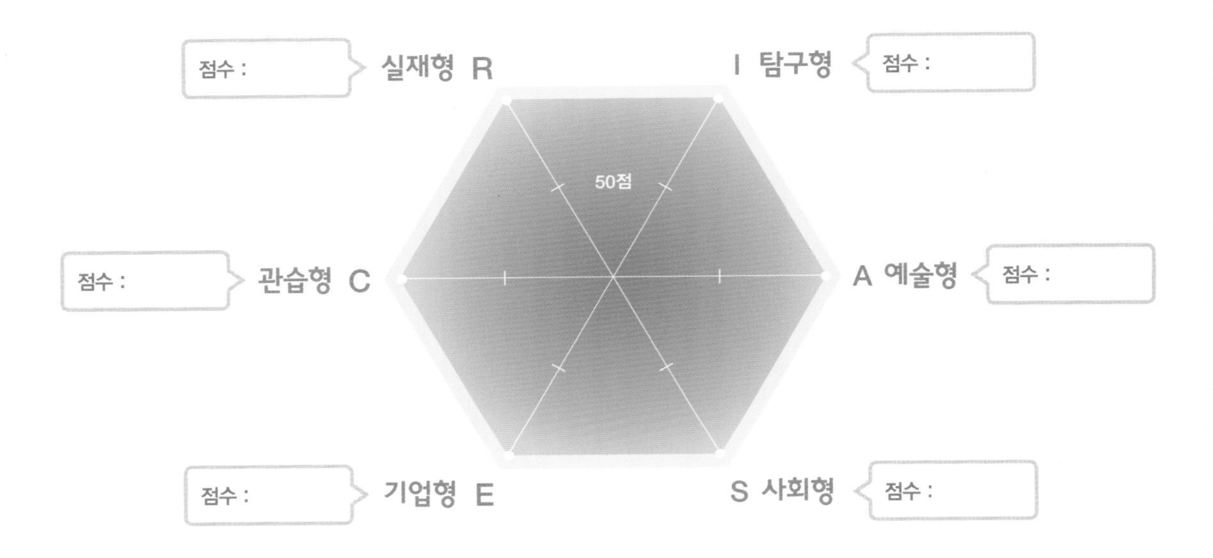

- 나의 직업적 성격 특성은? 대표적인 것만 간단하게 적기!

- 나에게 맞는 직업은? 가장 마음에 드는 직업만 골라 5개 이내로 적기!

나에 대한 이해 요약하기

지금까지 진로 목표를 설정하고 준비하기 위해서 고려해야 할 요소들로 흥미, 적성, 가치관, 그리고 심리검사 결과에 대해 알아보았습니다. 이번 시간에는 지금까지 알아본 나에 대한 이해를 요약해보도록 합시다.

진로 피자판 만들기

〈활동 방법〉

1. 피자판의 4개의 영역에 나의 적성, 흥미, 가치관, 진로검사 결과를 간략하게 정리한다.
2. 교재 뒤에 있는 '피자토핑' 스티커에 나의 특성과 잘 맞는 직업을 골라 적는다.
3. 피자판 위에 붙인다.

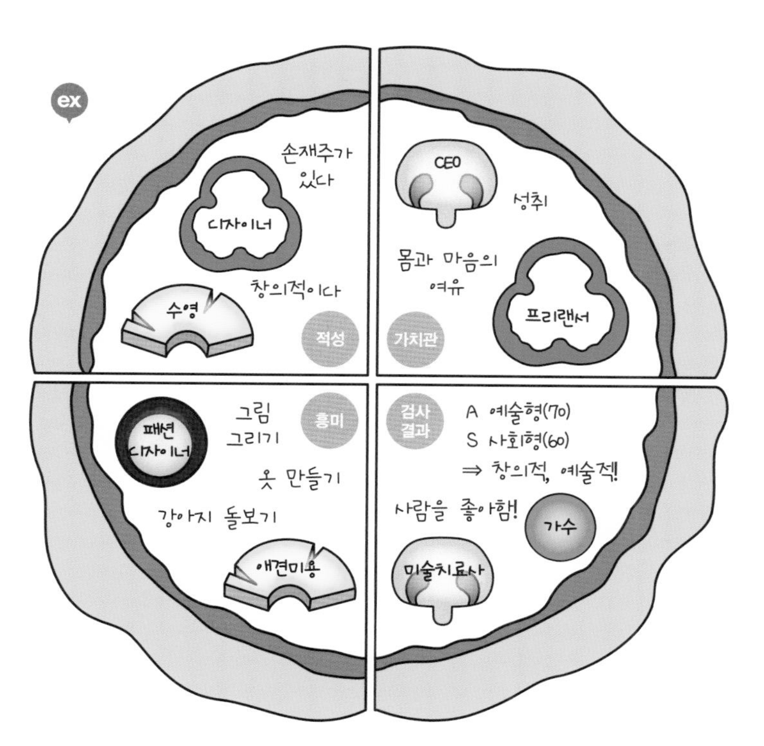

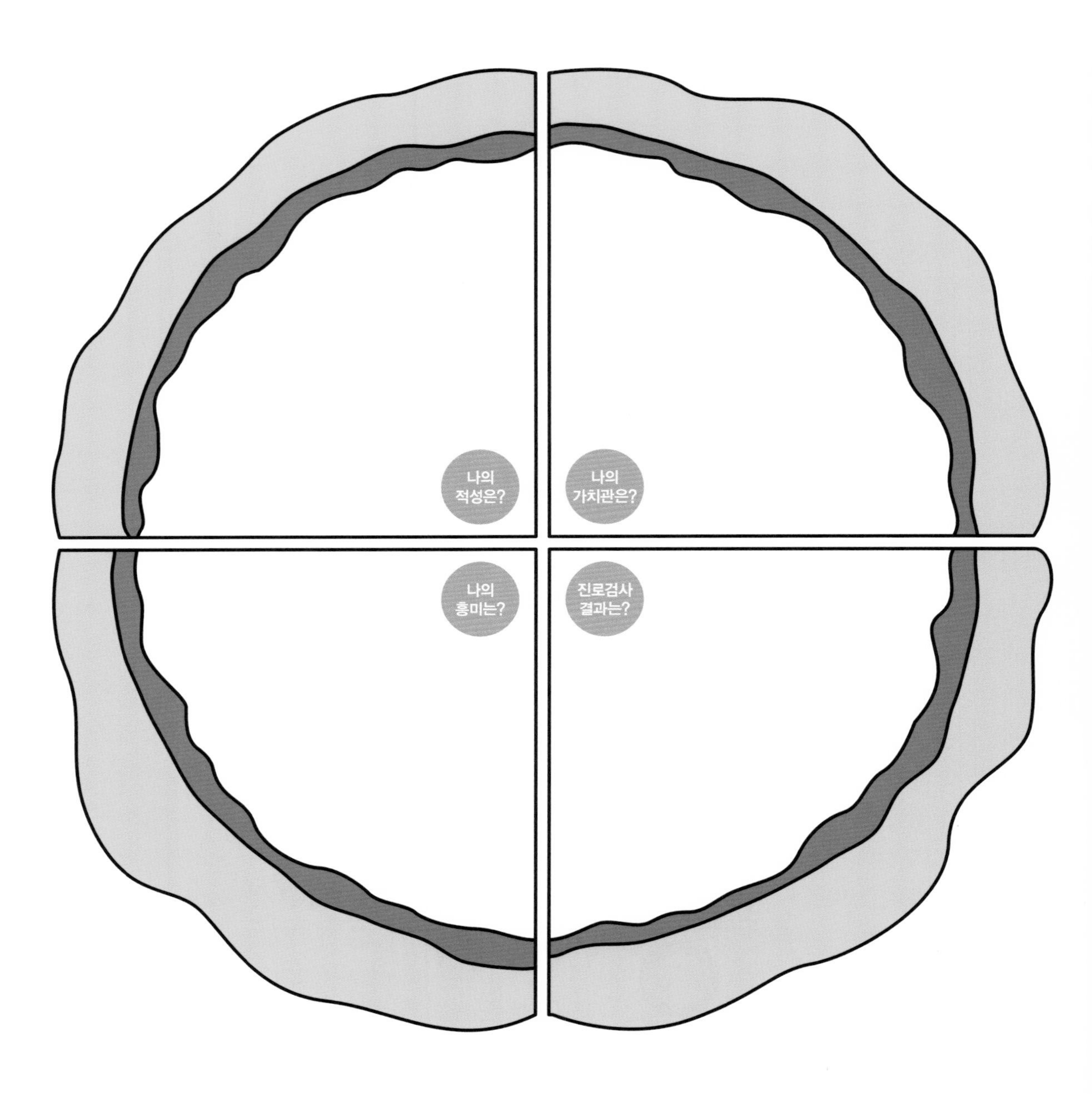
나의
적성은?
나의
가치관은?
나의
흥미는?
진로검사
결과는?

부모님의 기대 알아보기

> 부모님은 내가 어떤 직업을 선택하길 바라시나요?

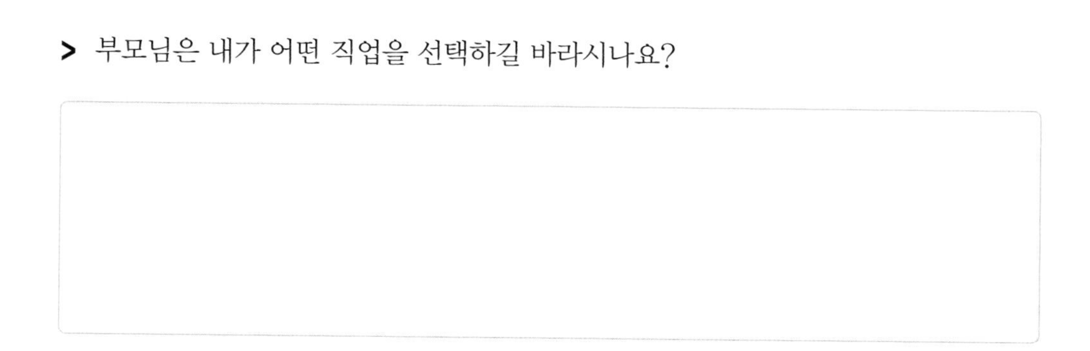

> 부모님의 의견과 내 생각은 얼마나 일치하는지 아래의 표에 표시해봅시다.

> 내 생각과 부모님의 생각이 같은 (혹은 다른) 이유는 무엇입니까?

진로의사결정이란?

자신의 , , 등과 같이 진로 선택에 영향을 줄 수 있는 특성들에 대해 자세히 알아보고 에 관한 정보를 종합적으로 활용하여 나에게 맞는 진로를 결정하는 것을 말한다.

진로 유형의 탐색과 진로 계획 세우기

진로 목표 결정하기

- **다음 절차에 따라 합리적인 의사결정이 되도록 정리해 봅시다.**

〈진로의사결정표 작성순서〉

step 1 — '고려해야 하는 기준' 칸에 적혀 있는 각각의 항목들의 중요도를 결정한다. 중요도 점수는 1~3점 사이에서 결정한다.
1 : 약간 중요 / **2** : 중요한 편 / **3** : 매우 중요

step 2 — '해보고 싶은 직업' 칸에는 앞에서 찾은 직업들 중 가장 공통된 직업 혹은 본인의 희망과 가장 잘 맞는 직업 3가지를 적는다.

step 3 — '해보고 싶은 직업' 들의 적합한 정도(적합도)를 표시한다. (–2, –1, 0, 1, 2)
-2 : 전혀 적합하지 않다 / **-1** : 맞지 않는 편이다 / **0** : 별 관계없다 / **1** : 그런 편이다 / **2** : 매우 그렇다

step 4 — '해보고 싶은 직업'에 표시한 적합도 점수와 '고려해야 하는 기준'에 표시한 중요도 점수를 곱해서 모두 합산한다.

〈진로의사결정표〉

			해보고 싶은 직업 1		해보고 싶은 직업 2		해보고 싶은 직업 3	
고려해야 하는 기준	기준의 중요도		적합도	점수	적합도	점수	적합도	점수
내 흥미	○○○	x	-2 -1 0 1 2		-2 -1 0 1 2		-2 -1 0 1 2	
내 적성	○○○	x	-2 -1 0 1 2		-2 -1 0 1 2		-2 -1 0 1 2	
내 가치관	○○○	x	-2 -1 0 1 2		-2 -1 0 1 2		-2 -1 0 1 2	
검사 결과	○○○	x	-2 -1 0 1 2		-2 -1 0 1 2		-2 -1 0 1 2	
부모님의 견해	○○○	x	-2 -1 0 1 2		-2 -1 0 1 2		-2 -1 0 1 2	

> 나에게 가장 적합한 진로 목표는?

진로 포트폴리오에 대한 이해

● **포트폴리오는 무엇인가요?**

포트폴리오란?

> 자신의 ______ 을 보여줄 수 있는 작품이나 관련 내용 등을 집약한 자료수집철 또는 ______

진로 포트폴리오란?

> 학생이 자신의 ______ 이나, 진학 또는 취업 등의 진로 ______ 를 위하여 세운 ______ , 자신이 성취한 ______ 및 ______ 등을 기록, 관리하여 모아 놓은 것

포트폴리오는 어떻게 만들어야 하나요?

〈포트폴리오의 기본 구성 요소〉

1. 나에 대한 정리 :
2. 나의 목표 :
3. 계획표 :
4. 목표를 이루기 위해 실천해 온 것들 :

〈그 외에 들어가면 좋을 것들〉

진로 포트폴리오 만들기

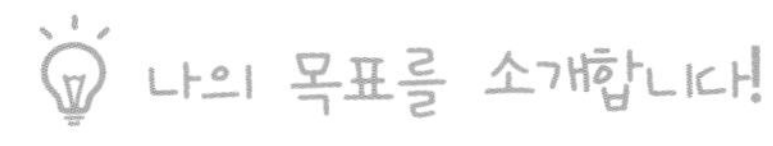

앞 시간에 내가 선택한 목표 직업에 대해서 구체적인 정보를 찾아봅시다.

*참고 사이트 : 워크넷 www.work.go.kr

목표 직업	
하는 일	
되는 길	
관련 학과 및 자격증	
임금/전망	
필요한 능력/지식	
업무환경	
필요한 성격/흥미/가치관	

내가 이 목표를 선택한 이유는?

내가 이 직업을 목표로 선택한 이유는?	
나의 성격, 흥미, 적성, 가치관과는 어떤 점에서 일치하나?	
꿈을 이루기 위해 현재 나는 어떤 노력을 하고 있을까?	
직업 정보를 찾아본 소감	

진로목표 달성을 위한 인생 계획 세우기

목표를 정했다고 자연히 그 목표가 이뤄지는 것은 아닙니다. 희망 목표를 달성하기 위해서는 필요한 것들을 차근차근 준비해나가야 하는데요. 아래의 표에 나의 장래 희망을 달성하기 위한 중간 목표, 단기 목표를 계획해보세요. 몇 살쯤 그 직업을 갖고 싶은지, 필요한 자격증 시험이나 도움이 되는 경력활동은 언제쯤 준비할 것인지, 고등학교에서는 어떤 준비를 할 수 있을지 등을 구체적으로 계획해두면 나의 미래 지도가 훨씬 선명해질 수 있겠죠?

구분	예상 나이	계획 내용
직업 목표		
중간 목표 (고등학교, 대학교 진학 목표)		
단기 목표 (성적 목표, 스펙 준비와 같은 실천사항)		

커리어 로드맵 만들기

앞에서 정리한 내용을 바탕으로 나의 커리어 로드맵을 그려보세요. 꿈을 향해 나아갈 때 길잡이가 되어줄 것입니다.

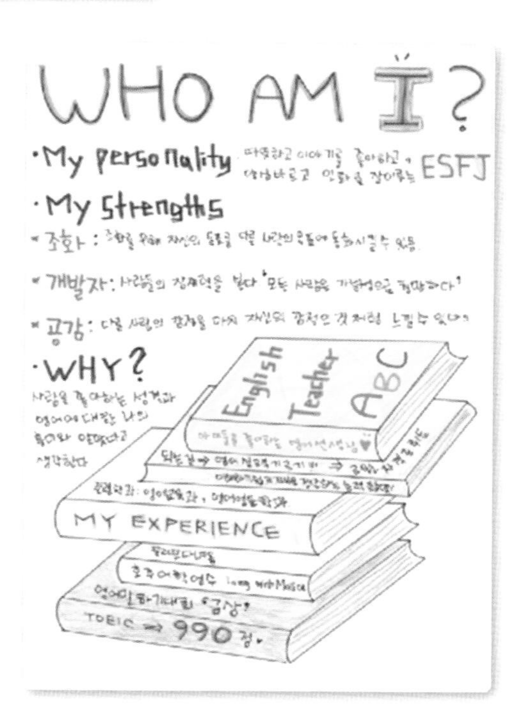

진로 유형의 탐색과 진로 계획 세우기

★ **Holland 검사의 기본 내용**

Holland 검사에서 가정하는 유형은 총 6개로, 이를 Holland의 6각 모형(RIASEC 모형)이라 합니다. 6가지 유형은 실재형(Realistic type), 탐구형(Investigative type), 예술형(Artistic type), 사회형(Social type), 기업형(Enterprising type), 관습형(Conventional type)으로 구성됩니다. 또한 개인을 둘러싼 실제 생활환경 역시 실재적, 탐구적, 예술적, 사회적, 기업적, 관습적 환경의 6가지 환경으로 구성되어 있습니다.

★ 자신의 특성과 검사 결과를 고려하여 진로 목표를 정한 소감을 정리해보세요.

★ 나의 진로 포트폴리오에는 어떤 점들이 강조되는 것이 좋을까요?

과 제

목표 직업의 정보 찾아오기

– 내가 선택한 목표 직업에 대해서 구체적인 정보를 찾아봅시다.
*참고 사이트 : 워크넷 www.work.go.kr / 커리어넷 www.careernet.re.kr

목표 직업	
하는 일	
되는 길	
관련 학과 및 자격증	
임금/전망	
필요한 능력/지식	
업무환경	
필요한 성격/흥미/가치관	

 과 제

커리어 로드맵 완성해오기

– 앞에서 찾아본 목표 직업에 대한 정보를 추가해서 커리어 로드맵을 완성해오세요.

코넬노트

핵심단어	수업내용 정리

핵심단어	수업내용 정리

핵심단어	수업내용 정리

핵심단어	수업내용 정리

핵심단어	수업내용 정리

핵심단어	수업내용 정리

핵심단어	수업내용 정리

핵심단어	수업내용 정리

핵심단어	수업내용 정리

핵심단어	수업내용 정리

핵심단어	수업내용 정리

핵심단어	수업내용 정리

핵심단어	수업내용 정리

박동혁

심리학박사
현) 아주대학교 교육대학원 겸임교수
원광디지털대학 심리학과 초빙교수

– 아주학습능력개발연구실(ALADiN)
– 강남삼성의료원 정신과 인턴
– MBC 자기주도학습캠프
– 한국산업기술재단 연구기획위원회 자문위원
– 서울시 교육청 자기주도학습 프로그램 효과 검증
– 심리학습센터 '마음과배움' 소장
– 허그맘 심리상담센터 대표원장

〈저서 및 연구〉

『최강공부법』(웅진씽크하우스, 2006)
『좋은 공부습관 만들기 워크북』(KPTI)
램프학습플래너(EBS)
MLST 학습전략검사(가이던스)
AMHI 청소년인성건강검사(가이던스)
KMDT 진로진학 진단검사(진학사)
LMDT 학습동기검사(진학사)
「학습습관향상 프로그램이 청소년의 학업성취와 정신건강에 미치는 효과」(2000)
「청소년 정신건강의 사회적 요인」(2002)
「대학생 시간관리 행동 척도의 개발과 타당화」(2006)
「예방과 촉진을 위한 청소년 정신건강 모형의 탐색」(2007)

LAMP WORKBOOK
PART 1 ME
동기 및 목표 향상 프로그램 (학생용)

2014년 5월 15일 1판 1쇄 발행
2022년 11월 25일 1판 6쇄 발행

지은이 • 박 동 혁

펴낸이 • 김 진 환
펴낸곳 • (주) 학지사
04031 서울특별시 마포구 양화로 15길 20 마인드월드빌딩 5층
대표전화 • 02) 330-5114 팩스 • 02) 324-2345
등록번호 • 제313-2006-000265호
홈페이지 • http://www.hakjisa.co.kr
페이스북 • https://www.facebook.com/hakjisabook

ISBN 978-89-997-0403-1 04370
978-89-997-0401-7 (set)

정가 8,000원

저자와의 협약으로 인지는 생략합니다.
파본은 구입처에서 교환하여 드립니다.

Page 12

나에게 있어 '공부'란? - 감정스티커

Page 30

진로란 무엇일까?

Page 68

나에 대한 이해 총 정리

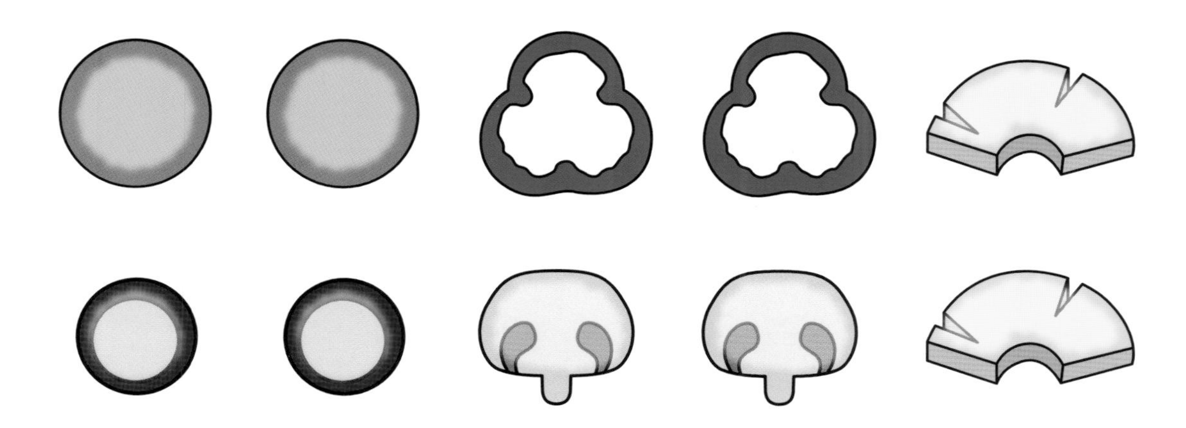